認知症になってもだいじょうぶ！

そんな社会を創っていこうよ

藤田和子
Kazuko FUJITA

徳間書店

発信し続ける著者

2016年3月19日、20日、鳥取市で開催された「日本認知症ワーキンググループin鳥取認知症シンポジウム」。テーマは「当事者視点が創る新たな社会　—認知症の本人からの提言」。19日は当事者間でグループワークが行われ、翌日にシンポジウムが開催された。20日にあいさつをする筆者（写真上）。19日に行われた「日本認知症ワーキンググループミーティングの報告」では、共同代表の佐藤雅彦氏（左）と認知症介護研究・研修東京センターの永田久美子氏（右）とともに登壇した（写真中）

2017年3月12日に改正道路交通法が施行されたが、これについて日本認知症ワーキンググループとして認知症の人の運転に関わる提案について記者会見で発表した。写真左が筆者、右は同グループ共同代表の佐藤雅彦氏

2015年11月にスコットランド認知症ワーキンググループ初代議長のジェームズ・マキロップ氏と妻のモーリン氏が来日した。東京で開催された「認知症700万人当事者が拓く時代—先進地スコットランドからの提言」では、筆者が登壇し、ジェームズ氏と語り合った（写真上・中）。また、後半にはパネルディスカッションが行われた（写真下）

2015年9月に神戸で開催された日本認知症予防学会では、筆者と小人数の人とが語り合う企画が催された。パートナーとして特定非営利活動法人若年性認知問題にとりくむ会・クローバーの川口寿弘氏が同席した（写真上・中）

原稿を推こうする筆者（東京にて。写真下）

はじめに

「月2回、掲載されている認知症専門医のコラムを読み、なんとも言えず悲しい気持ちになってしまいました。『認知症』といってもその症状が起きる原因はさまざまで、それぞれの当事者（本人）の気持ちもひと言ではまとめられないと思います。私は若年性アルツハイマー病の当事者として、この記事を読んだ読者が『認知症』の人を『知的能力の低下した、理性の世界から出てしまって感情が支配する世界に住んでいる人なのだ。かわいそうだから適当に相手をして合わせてあげるのが介護者も楽だし、本人もそのほうが幸せ』と納得されてしまうことに異議を唱えたいです。私自身、アルツハイマー病だった義母を9年間介護してきて、その大変さは身に染みて体験しています。けれども今はアルツハイマー病の患者本人としての立場で、介護者だったときにはわからなかった『本人の世界』をわかってもらいたいと思います。脳の病気であり、記憶の部分に障害が起きているため、確かに正常な脳の人たちから見れば異様に見える言動も、本人にしてみれば、その時を生きている意味のある言動であると思います。脳の萎縮の度合によりさまざまな機能が低下していく進行性の病気です。日常生活において支障をきたすことも、病気が進行していくに従い多くの現象として出てくると思います。けれども言動がおかしいから物事を理解できていないと判断するのはどうでしょうか。今まで認知症の人の思いを聴くということをしてきたでしょうか？　認知症の人が自分の思いをもっているということを考えて接してきたでしょうか？

その視点で前述のコラムを読むと、病気で苦しむ認知症の人のことをあまりにも考えていないコラムのように思えて仕方ありません。早期発見早期治療により、より良い状態で病気と向かいながら生きていくことも可能になりつつあるアルツハイマー病（認知症）患者への理解を深めていただきたいです」

右の文章は私が２００９年にある新聞のコラムを読んで、自分が感じたことを投稿したいと思って書いたものです。私はこの文にあるようにアルツハイマー病の本人です。そのコラムの中には認知症本人の視点が何一つないことにショックを受けました。そして本人からの声を伝えたい……と思い、右の文章を書きました。

診断されてから10年、幸いなことに認知症としては軽度の状態を保ちながら私は暮らしていますが、今でも同じような思いをもち続けています。

さて、改めて皆さんに問い掛けたいと思います。

今の社会の中にある「認知症の人」のイメージはどのようなものでしょうか？「年をとったら認知症になる」「何もわからなくなる」「自分が自分でなくなる」「もの忘れをする」「周りの人に迷惑を掛ける行為をする」「認知症になったらおしまいだ」などなど……。何の希望ももてない、マイナスのイメージが多いのではないでしょうか？

そもそも認知症というのは病名ではなく、認知機能に支障をきたした状態のことを表します。脳の変性疾患や脳血管障害によるもの、外傷、老化などさまざまな原因があるのです。私はその原因となる脳の変性疾患のひとつ、アルツハイマー病と診断されたのです。

でも、私がアルツハイマー病とともに歩んできた人生の10年間は、予想に反して幸福なことが多かったと思っています。

こんなことを言うと、一部の人の例外として考えられがちですが、すべての認知症の人が幸せだと感じられる時間と、そのような社会を創り出すことは可能だと思います。

20年ほど前から認知症の人が少しずつ声をあげ始め、それぞれの体験や生活のしづらさが語られるようになってきました。

本人が語ることで、「認知症とともに生きる本人が感じている感覚」の実体が明らかになり、その声を聴き取ることで、認知症の本人たちが必要としていることを本人視点で考えようと社会の流れが変わってきていると感じています。

でも、まだまだ、「認知症の人」への誤解と偏見はなくなっていません。「人としておしまい」「人生の終わり」「認知症の人にできることはない」というレッテルを貼られ、生きる力を奪われていく認知症の人々がいます。

初めに紹介した私の文章には、当時よく使われていた「本人の世界」という言葉を使いましたが、今はその言い方に違和感を覚えます。認知症になったからといって別の世界に行ってしまうのではないからです。

認知症になってからも、その人の人生は命ある限り続いていきます。

認知症になっても安心して、「希望」と「人としての尊厳」をもちながら生きられる社会にしていきたいと思います。そのために本人の声を活かしてほしいです。そうすれば、これから認知症になる人々が早い段階で自分自身を理解し、自分の周りにいる人々とともにより良く生活できる工夫の必要性を考えることができるようになると思います。

1年前、半年前、1ヵ月前の私と今の私とでは変化があります。明らかに疲れやすくなったし、自分が思うようには生活できずにイライラすることも増えました。病状は着実に進んでいると感じます。ですから今のうちに、これまで話してきたことやフェイスブックに投稿してきたものを中心に、私が考えていることをまとめてみようと思います。本書が、アルツハイマー病とともに生きている私から、これから認知症になるかもしれない皆さんとそのパートナーになる方々へのヒントになるとうれしいです。

もくじ

第6章　パートナーからの言葉 …… 151

1. 私の子どもがもう少し大きくなったら祖母や母の話をしたい。そして一緒に考えていけたらいいな
藤田和子長女　看護師　近藤千恵子 …… 152

2. 困難を抱えながら生きる人々にとってよりよい社会を築くことを目指して
特定非営利活動法人 若年性認知症問題にとりくむ会・クローバー
川口寿弘 …… 157

3. 早期診断のメリットを生かしたい—主治医として
鳥取大学医学部教授　浦上克哉 …… 166

4. 格闘しつつ、自分の人生を生きていく—認知症とともに輝きを増しながら
認知症介護研究・研修東京センター研究部長　永田久美子 …… 171

5. 和子さんとのこと
のぞみメモリークリニック　看護師　水谷佳子 …… 179

6. 一緒に本をつくってきて
全国マイケアプラン・ネットワーク代表　島村八重子 …… 185

（出会った順）

おわりに …… 191

表紙・本文イラスト　藤田亜矢子

第1章

これまでの私

子どものころ

1961年生まれ。現在55歳の私。

丑年、乙女座、血液型はO型。鳥取県鳥取市で生まれ、両親と3歳年下の弟の4人家族で育ちました。小さいころのアルバムの私の写真には、「和子はどうして、どうして、なかなかひょうきんものです」という父の添え書きがあります。

私は小学校1年生のとき肺炎になり、生と死の間をさまよいました。祖父母や両親の懸命の看護と入院治療のおかげで一命を取りとめました。そして、この入院経験が、私の将来の職業選択のきっかけとなります。つらい入院生活を送る中で、やさしい看護師さんの存在が私には印象的だったのです。

長い期間学校を休んでしまい、先生から進級は難しいと言われたそうですが、母の懸命の嘆願でなんとか2年生に上がることができました。しかし、体調を崩して再度入院することもあり、私は学校の先生にも「あなたは転校生だった?」と言われるような存在感の薄い子どもでした。

出遅れた学校生活の経験は私を引っ込み思案にし、私は人と関わるのが苦手と感じる子どもになっていました。今の私は人前で話したり自分の意見を発信したりしているので、積極的で人前に出ることが平気な人と見られるようですが、もともとはあまり目立たない子どもだったのです。

父は頑固で、自分が正しいと思ったことは曲げないというタイプの人でした。母はもともと職業婦人だったのですが、結婚して父の意に沿って仕事を辞めました。とてもしっかりした人で、女性でも自分で生計を立てられるように手に職を付けたほうがよいという考え方をもった人でした。そして、とても厳しく、「人前で恥ずかしいことをしてはいけない」「人に迷惑を掛けてはいけない」と育てられました。小さいころの私は親から良い子と言われることが大事だと感じていたので、人前で話をしたり行動したりするときは、「恥ずかしいことじゃないかな」「人から見てどう見えるかな」ということを無意識のうちに気にしながら行動していたと思います。

当時は「人のために社会の役立つようにな

母と私。“なかなかひょうきんもの”と添え書きが

る」ことより、「人に迷惑を掛けないようにする」ことが大事と感じていたと思います。

その一方で、私は、自分が正しいと思ったことや伝えなくてはいけないと思ったことについては、「こう思う」と手を挙げて発言するというところもありました。私のそうした面を引き出してくれたのは、小学校3年生のときの担任の先生でした。教室の後ろにみんなが描いた絵が貼ってあったのですが、ある日、そのうちの1枚の画びょうが取れて絵がはがれかかっていました。それに気付いた私は「画びょうが取れている。直したいけど誰も気が付かない。私が言わなくちゃいけないのかな。誰か言ってくれないかな。でも誰も言わない」と何度も迷った挙句に、我慢できなくなって「先生、あそこの絵の画びょうが取れています！」と言ったのです。すると担任の先生は、「画びょうが取れているのを気が付いていた人はいただろうけど、誰も言いにきてくれなかった。よく教えてくれたね！」と、とてもほめてくれ、握手までしてくれました。些細なことかもしれませんが、子どもだった私にとっては、気付いたことは言ってもいいということに目覚めた大きな出来事で、たいへんな自信につながったのです。

認められる、ほめられるという経験は、人にとってとても大切なことだと思います。

就職、結婚、子育て、介護……

やがて、私は看護師を目指すようになりました。小さいころに入院したとき、やさしくしてくれた看護師さんのような、素敵な看護師になりたいと思ったのです。父は女性の生き方に保守的な人だったので、進学すること自体に猛反対だったようですが、母が応援してくれて、看護師という職業に就くことができました。

私はそんな母に対して絶対的な信頼をもって育ったように思います。成人してからも母の言うとおりにして、母が敷いたレールにきちんと乗っていれば安心して生きていけると思っていました。そのレールからはみ出して、自分で物事を考えるということはあまりしないような娘でした。

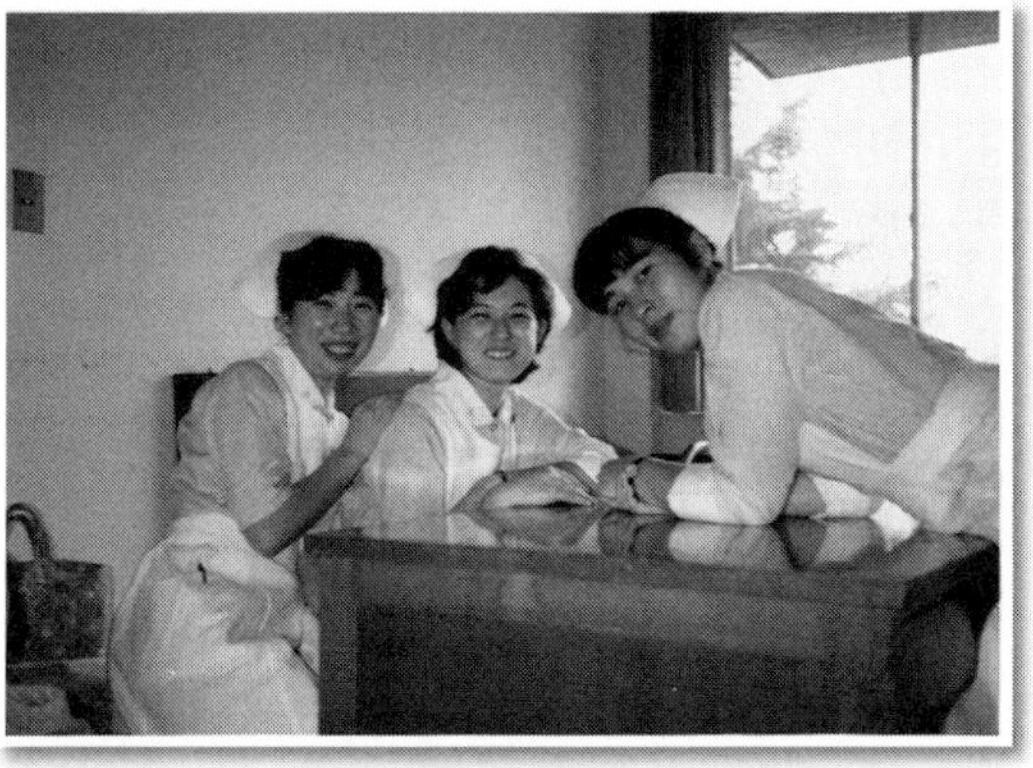
看護学生時代の友人と（まん中が私）

１９８５年に24歳で結婚し、その後、３人の娘を授かりましたが、30歳代半ばくらいから自分の生き方にちょっと疑問が生まれてきました。母の言っていることだけが真実ではないということに気が付いてきたのです。そんなふうに考えられたのは、結婚して母から独立してから積んださまざまな経験によるものだと思います。

私は、長女と次女が生まれたあともしばらく仕事を続けていましたが、長女が幼稚園に入ってすぐに辞めました。それとほぼ同時期に義父が身体的介護を必要とするようになり、義母も認知症と判明して、さらにそのような状況の中で三女を出産することになり、介護と育児を同時進行で担うようになりました。

義父母や子どもたちには、それぞれにたくさんの難しい問題が起こりました。私はそれぞれの問題解決に、きちんと向き合っていかなければなりませんでした。私は全力で、私が大切に思う人たちのために、その時の自分ができる限りのことをしたつもりです。

一生懸命やっている中で、どうしたらいいかを考えるための言葉をくれたり、機会をくれたり、助けてくれたりするいろいろな人たちと出会いました。そうした人たちのおかげで切り抜けてこられたし、そんな出会いが次第に私を変えていきました。人はいろいろな困難に出合いますが、やはり一人で切り抜けることはできません。その時々に助けてくれる人の存在はとても大きな力だと思います。私の人生の中での良い出会いの多くは、いまだに私を支えてくれています。

人権問題との出合い

さらに、私の人生観を大きく変えるきっかけとなったのが、次女が5年生のときにＰＴＡ組織の活動として人権教育推進委員会（当時は同和教育推進委員会）に入ったことです。

初めはただＰＴＡの活動として関わったことであり、役員として私がすべきことをするだけでした。ある時、当時の担当だった先生に「あなたは、『差別をする側』で生きたいですか？『差別をなくす側』で生きたいですか？」という問いを投げられました。当時の私は、差別の問題は「するか、しないか」であり、差別をしない人が増えれば差別はなくなるという感覚でいたのですが、「『差別をなくす側』で生きる」とはどういうことかを突き詰めて考えるようになりました。

「自分はなくす側となって生きたい。そのためには敏感にならないといけないし、行動しなくてはいけない」と考えて、人権問題はこれから自分が一生考え続けていかなくてはいけない問題と捉えるようになったのです。そして1年間の役員任期が終わったあともこの問題を考え続けようと、そのときのＰＴＡ仲間のお母さんたちと一緒に「たんぽぽ」という人権問題を考える会を立ち上げました。

その後も引き続き子どもたちの小学校や高校のＰＴＡで、今度は自らの意思で人権教育推進委員会に関わりました。それからは部落問題をはじめとするあらゆる人権問題を考え、自らに問い続けることが私のライフワークとなりました。

アルツハイマー病という診断

１９９９年に義父母を看取ったあと、私は人権活動に力を入れる一方で、看護師の仕事も再開しました。ところが、家事、仕事、実家の両親のサポートなどで忙しくしているうち、時々自分でも「おかしいな」と思うことが起きるようになりました。

２００７年に入ったころには、朝食べたコーヒーゼリーのことを全く思い出せなかったり、約束の時間を忘れたり、約束があったことを忘れたり、部活に行く三女を玄関で見送ったのに、その三女がまだ起きてこないと思って2階に声を掛けたりといったおかしなことが毎日のように頻繁に起こり、生活に支障を感じるようになったのです。また、不眠になったり、頭痛を起こしたりすることもしばしばになりました。そして、それまでのような日常生活を送ることに非常に疲れを感じるようになりました。

私は看護師をしていたために認知症の患者さんには接していましたし、また、娘から認知症の本人であるクリスティーン・ブライデン※1さんが本を出版されたりしていることを聞いていたので、若くして認知症になることは知っていました。家族も心配してくれましたし、私も自分が日々感じている違和感がアルツハイマー病の症状ではないかと不安になったので、受診することにしました。私としては、多忙なストレスの多い生活を送っているために起きている症状なのかもしれないと思い、アルツハイマー病を否定したい気持ちがあって、まずは心療内科を受診しました。

心療内科の先生は私の記憶や日常生活に感じていた違和感について聴き取ってくださったあと、「脳の検査をしてみてください。これは脳の異常によるものと考えられます」と言われました。そこで私は脳神経内科を受診する決心をしました。

脳神経内科では問診と、長谷川式簡易知能評価スケール、ＭＲＩ、脳血流シンチグラフィ検査を受け、その結果、海馬が少し委縮していて、側頭葉と頭頂葉に血流の低下がみられ、「初期の若年性アルツハイマー病と思われる」と診断されました。しかし、治療の必要は感じられなかったのか、経過観察ということになりました。病名を告げられただけでアルツハイマー病についての説明はなく、治療方針も示されず、経過観察とされことになんとなく割り切れないものを感じたのを覚えています。

そのまま家に戻ったものの、その後も症状は治まることなく、不整脈、頭痛、不安などが起こり、身体的にも精神的にもとても苦しい1年間を過ごしました。

その間に仕事を辞めました。仕事ができなくなって辞めたわけではなく、これから先は今までどおりに仕事をすることは難しいし、そういう自分は病院に迷惑を掛ける存在なのだと思い、「辞めたい」と自ら申し出たのです。今であれば辞めない道を模索したと思いますが、当時は自分の中にもアルツハイマー病への偏見があったのだと思います。

1年後に再検査をすることにしたのですが、診察のときの医師の対応に信頼性を感じることができなかったため、当時勤めていた病院の医師に認知症の専門医である浦上克哉先生を紹介していただくことになりました。鳥取大学附属病院で浦上先生に受診し、問診のあと、認知症を起こすあらゆる病気を視野に入れて血液検査と、尿検査、脳波、ＭＲＩ、脳血流シンチグラフィ検査、さらに聞き取り検査が時間をかけて行われ、最終的に髄液検査も行われました。その結果、「若年性アルツハイマー病」と診断され、すぐに薬を飲み始めることになりました。

私は診断を聞いて、「やはりアルツハイマー病だったんだな……」と思い、将来への不安も感じましたが、自分に日々起きている症状の理由がはっきりして納得できたので、ホッとしたという気持ちのほうが大きかったのを覚えています。

浦上先生のアルツハイマー病への理解は深く、そのときに「今は治すことができないけれど、薬も開発されてきているし、良い状態を保つために一緒に頑張りましょう」と声を掛けていただいたことがとても大きな支えとなりました。おそらく、その場に一緒にいた夫も浦上先生の言葉の中に希望の光を見たと思います。

長女の結婚式にて

私の場合は、自分が違和感を覚えて不安に思った初期の段階で受診し、早い時期から治療が始まりましたから、症状が進んで家族関係に影響を及ぼすということはありませんでした。ですから、とても良いタイミングに受診したと思います。家族は私と同時にアルツハイマー病と向き合うことになったことで、診断されたあとも私に対する態度はその前と同じで、家族の関係性が変わることはありませんでした。

わが家では以前から家族みんなが私を頼ってくれて、

「お母さんがしてくれる」「お母さんが何か考えてくれる」というところがありました。私は一生懸命に気働きをして、それに対して家族は「うんうん、そうだよね」と賛同してくれる。昔からそういう家族関係だったのです。その家族関係が、私がアルツハイマー病と診断されてからもずっと続いています。また、私は家族から叱られたことがありません。「何をやっているんだ」「何回も言ったでしょ」「さっき言ったでしょ」などという言い方はされないのです。家庭の中で起きる私の症状はとがめられず、「そうだよね」と一緒に笑ってくれます。私もおかしくなって笑い合うこともあります。それだけでなく、なぜ私が感情を抑えられなくなってしまったのか、なぜこんなふうになってしまったのかということを話し合ったりもします。これらはとてもありがたいことだと思っています。

私の家族は、私の日々混乱する様子や感情の起伏、疲れた様子、ほかの人には見せない部分を見ているので、心の中ではきっと不安を感じているでしょう。特に子どもたちは、不安でたまらないと思いますが姉妹で支え合ってくれているのではないかと思います。私のもともとの特性を理解したうえで、認知症への理解も私の病気の進行とともに深めているのではないかと感じられます。

そして私自身も、認知症とともに生きることを日々学んでいると感じます。

「若年性認知症問題にとりくむ会・クローバー」の立ち上げ

それまで人権問題に取り組み「差別をなくすために自分はどうしたらいいのか」を模索してきた私ですが、認知症の本人となった目で世の中を見ると、いろいろなことが見えてきました。

社会の中でいわれている認知症観について、「これでいいのか？　本人となってみると、それは偏見ではないのか？」「認知症の人は社会の中では排除される人という立場に置かれていないか？」「認知症のことは『介護』問題として語られているけれど、実は人権問題としての『認知症問題』ではないか？」などと考え、さらに「今の世の中は認知症の人にとってとても生きにくい世の中だ。私は早期診断・早期治療につながったので家族や仲間にも理解され、これまでの暮らしを続けているけれど、世の中にある偏見は早期受診を妨げているのではないか。このままではいけない。自分は本人としての思いを社会へ発信していかなければいけない」と考えました。そうしたことを当時一緒に人権問題を考えていた仲間たちと話し合う中で、その仲間たちと一緒に2010年に「若年性認知症問題にとりくむ会・クローバー」を立ち上げ、私が代表を務めることになりました。立ち上げにあたっては専門職の方々にもアドバイザーとして関わっていただきました。

「クローバー」の四つの葉に、私は願いを込めました。一つの葉は本人、もう一つの葉は支援者、三つめの葉は家族、そして最後の一つの葉が社会。認知症の人に関わっている人たちだけでなく、社会全体で認知症の人や認知症のことを考えていかなければいけないと思ったのです。

クローバーの仲間たちは意識していなかったかもしれませんが、本人である私の話をきちっと受け止めて、私が話したことを基に、どこにつないだら本人の言っていることが的確に伝わるか、効果的かを考えて、一緒に動いてくれていたと思います。鳥取県や、鳥取市の認知症の関連担当部署、人権問題推進担当部署、鳥取県医師会、鳥取県看護協会、鳥取県社会福祉協議会、地域包括支援センターなど、いろいろなところに「クローバー」立ち上げの報告とともに本人の声を届けました。

こうして、私たちはその時その時に感じたことを、伝えるべき人に直接伝えていきました。それは、認知症の人もいろいろと考えていて発信することができるということ、認知症の人にとっても生きやすい社会にする必要があるということを社会に示していく活動スタイルでした。人権問題に取り組んできた仲間たちにとっては自然な動きだったと思います。しかし、それまで認知症に関わる会というのは、どう介護したらいいかを家族の立場で考えたり、その視点で支えたりする集まりが多かった中で、クローバーは「本人とともに考え、行動してつくっていく」という面において先駆的な会だと思います。

「クローバー」は2015年にNPO法人化し、浦上先生に理事長を務めていただき、私は副理事長となって活動を続けています。発足当時はなかなか理解されませんでしたが、今はこうした会が認知症の人にとって住みやすい社会にするために必要だという理解が進んできているように思います。そのような社会はすべての人にとっても住みやすい社会につながるはずです。

日本認知症ワーキンググループの設立

クローバーの活動を始め、少しずつ県内外で講演活動や啓発活動をしているうちに、クローバーの会宛てに若年性アルツハイマー病の本人である佐藤雅彦さんからのメールが届きました。それで私は、認知症本人で私と同じように考え、行動されている方がほかにもいることを知りました。その佐藤さんの紹介で、2012年4月に発足した「3つの会@ｗｅｂ」※2の掲示板の存在を知り、クローバーからだけでなく、その掲示板を通じても、私の本人としての声を発信することができるようになりました。

ある時この掲示板の中に、「〝認知症の人基本法〟を作るとしたら」という話題が投げ掛けられました。そして、東京の「『認知症当事者研究』勉強会」という集まりでそれについて話し合いをすることを知り、大切なことであると興味を覚えて私も出席したいと事務局に連絡をしました。

勉強会に参加したことで、私が日ごろ考えていることをみんなと一緒に話し合うことができました。その後も同勉強会に何回か参加するうちに、スコットランドに「私たち抜きに私たちのことを決めないで」を合言葉に、当事者が主体となって活動しているワーキンググループがあることを知りました。そして、２０１４年10月に、勉強会に参加していた認知症の本人たちの総意により日本でも「日本認知症ワーキンググループ」が立ち上がることになったのです。

立ち上げにあたって、たくさんの人がパートナー、賛同者となって協力してくださいました。そして、ワーキンググループのメンバーの話し合いによって私は３人の共同代表のうちの一人となり、私の活動範囲はさらに大きく広がりました。

インターネットでのつながりへ

「日本認知症ワーキンググループ」が発足したことを厚生労働省に報告に行ったときと同じころ、長女が「お母さんもフェイスブックで発信するようにしたら？」と提案してくれました。長女がフェイスブックの設定をしてくれて、以来フェイスブック上でも新たなつながりが次々と生まれています。私は鳥取にいながらにして、たくさんの人に向けて発信できるようになりました。

今では、活動のことだけでなく日常のことや思いついたことなどをこまめに投稿しています。病状の進行によりだんだん長い文章を組み立てることが難しくなってきていますが、こうした場があることで日々思いを発信することができます。

これからもインターネットの世界はどんどん広がると思いますが、特に文章を手書きすることが難しい認知症の人たちにとっては、社会とつながる方法の一つとして大きな可能性を感じています。ただし、インターネットには危険もあるので一緒に管理してくれる人が必要です。私は、わからないことは娘に聞きながらやっています。私にとっての娘のように、常に安心して使える環境を整えてくれる人たちの存在は重要です。

フェイスブックで多くの方から友達申請をいただくのですが、直接会ったことのない人と友達となるのは怖いという気持ちもあります。でも、リスクばかりを心配していては何も始まらないので、「誠意ある人とはつながりたい。ちゃんと考えてくれる人とつながりたい」という思いで、慎重に考えながらやっています。

今の時代はフェイスブックのほかにブログ、ツイッター、ラインなどなどインターネットを通じて社会とつながる手段がたくさんあり、うまく使いこなせば可能性を広げる入口となります。良い時代に生まれたと思います。これから認知症になる人たちは私たちの世代よりスマートフォンやパソコンを使いこなしていますから、今後はさらにいろいろな方法で自分たちの世界を広げることを模索していくことができると思います。

ここからあとの章では、フェイスブックでのこれまでの私の投稿に、今の私の思いを書き足していこうと思います。

※1――クリスティーン・ブライデン…オーストラリア在住。1995年に46歳でアルツハイマー病の診断を受ける。1996年オーストラリア政府の首相内閣省第一次官補を退職。1998年前頭側頭型認知症と再診断。2001年10月、ニュージーランドの国際学会で講演。著書に『私は誰になっていくの?』（2003年／クリエイツかもがわ刊）など（著書の略歴を基に作成）。

※2――3つの会@web…http://www.3tsu.jp/

第2章

私の日常

日常は変わらずにある

私はアルツハイマー病を公表した当時、なんとも言えない嫌な気分になる視線を感じることがありました。アルツハイマー病になってからも、その人の日常は変わらずにあります。それまでと変わらないその人がいて、そこにアルツハイマー病がプラスになっただけです。

それまで生きてきたままの人生観をもって日常生活を送っています。でもアルツハイマー病になったらこれまでの人生が消え去ってしまうように語られてしまうことが多いのです。私がどんな毎日を過ごしているかを、フェイスブックへの投稿から感じ取ってもらえたらうれしいです。なお、フェイスブックは極力原文のまま載せています。

facebook

2014年10月11日

フェイスブックを始めました。

●まだ不慣れなもので(∨_∧)

よろしくお願いします。

２０１４年12月18日（写真）

●雪が降ってとても寒い何をする気力もわかない…

と、思っていたら、娘が作った雪だるまに元気もらった(*^○^*)

２０１５年３月30日

昨日は日本認知症ワーキンググループのミーティングに参加しました。皆の意見が、認知症になっても希望と尊厳を持って生きられる社会づくりに、わずかでも貢献できればと思います。

なんだか疲れてしまったけれども、娘とココちゃんと、お散歩して気力養ってきました

２０１５年４月９日

●夜桜見物(*^_^*)

まだ桜残ってました！

●2015年4月13日
家の老猫
茶々丸と小春
茶々丸はコーヒー好き(´-｀。)
でも、寒い。

●2015年4月25日
ナチュラルガーデンで散歩！

次女一家が帰っていて一緒にブーラブラ。

●2015年9月3日
先日は、お誕生日おめでとうのメッセージをたくさんいただき、ありがとうございました。

ここのところ不調の嵐でしたが皆さんのお言葉に力いただきました！

いつもの散歩コースだと、車や人に注意を払わなくてはならず、苦痛でし

たので、静かな道に変更し、愛犬ココちゃんとお散歩。
道路沿いの花壇にはお花も咲いていました。
気温も下がり心地よい風。
やはりゆったり散歩するのは脳にも良いと感じます(*^^)v

２０１５年10月13日
●散歩の途中、小学校の裏で咲いてたコスモス。綺麗でした。

２０１５年11月23日
●今日は良い天気！
孫と一緒に樗谿《おおちだに》公園にお散歩(*^_^*)

２０１５年11月24日
●砂の美術館のライトアップ！
上手に撮れなかったけれど、とても綺麗でした。

２０１５年12月18日
●娘と一緒に久しぶりにお菓子作り！
美味しいアップルパイができあがり(*^^)v

２０１５年12月24日
●クリスマスイブ彡★
特に信仰しているわけでもないですが、なんとなく玄関をそれらしく飾ってます.:*♡

そういえば、幼稚園はカトリックのところだったなぁ…。

気持ちが混乱し荒ぶれる事が多くなりましたが、穏やかに穏やかに過ごしたいと願います

●２０１６年４月１日
お買い物のあと、ちょうど雨が上がって急遽お花見に、久松《きゅうしょう》公園へ✿
花より団子…揚げ餅大好き。

●２０１６年８月４日
今日は定期検査で受診の日。
その前に、鹿野《しかの》そば道場でお昼。やっぱり美味しい。ここの蕎麦！

2016年11月12日

●暖かい秋の一日の終わり。
ナチュラルガーデンに湖山池《こやまいけ》の夕陽を見に行ってきました。
ココちゃんもお友達に出会えた(^^)v

食事の支度

私は朝起きると、まずコーヒーを飲むためにお湯を沸かし、テレビをつけます。そして、朝ご飯を食べて薬を飲みます。夫と娘が仕事に出ると、あとは家に一人です。一人になると晩ご飯のことを考えます。

私は料理が好きで、今でも夕飯を作るのは私の役目です。まず冷蔵庫の中を見て、献立を決めます。もともと冷蔵庫の中にあるものを工夫して手早く何品も作ることができました。しかし今は、炒めたり焼いたり煮込んだりとひと工程だけの料理や、切って並べるだけのものや電子レンジで調理できるものなど、簡単な作業ででき上がる料理を中心に作ります。

以前は1日1回買い物に行っていましたが、1年ほど前から生協の宅配を使うようになりました。そして、その日の献立に足りないものがあるときだけ午前中に買い物に行きます。午前のうちに材料を切って下準備をし、午後にひと休みして夕方から仕上げに掛かります。講演活動をしたり人と会ったりするときには、その都度、工夫しています。

症状が出始めた当初は、調理の際に火にかけたことを忘れて鍋を焦がしたりしてしまうことがありました。そこで電化にして、タイマーも活用することで不安が少なくなりました。また、一つのコンロでゆでながらもう一つのコンロで炒めるなど、二つの鍋を使って同時に調理することはやめ、一つずつ終わらせていくようにしています。やることがたくさんになってくると、私は頭が混乱してしまうからです。「あれもしなくちゃ、これもしなくちゃ」と考えただけで混乱してしまうのです。台所に汚れた食器や調理器具がたまってくると、「調理」と「調理器具などを洗う」という二つの仕事が気になって集中できず、ご飯を作る手順に進めない気がするのです。ですから、一つのことをするために集中する工夫をしています。

食事の支度の最中に電話がかかってきたり玄関のチャイムが鳴ったりしても、手が離せないときには応答しないこともあります。電話は留守番電話にしておけば、本当に用事がある人は伝言を残してくれます。

苦手なことやよけいなことに力を使わず、ここぞというときや、どうしても私がやらないといけないというときに、一生懸命に頑張るというルールでやってきています。自分のやりたいことに力を入れればいいと思います。私の場合はそれが料理なのです。食後の食器洗いは夫がしてくれるので、私は料理を作ることだけに専念することができます。

掃除・整理整頓

私は、家の中が散らかっていると頭の中の整理もできなくなります。何かをなくしたときにも、ゴチャゴチャしていると探せません。ですから、なるべくすっきりさせるようにして、ものを出したら元の場所にしまう癖をつけるようにしています。頻繁に使うものはいつでも目につくところに置き、たまに使う物や大事な物は場所を決めて保管するようにしています。

私は以前から整理整頓をきちんとするほうでしたが、アルツハイマー病と診断されてからは特にそのことが必要になってきました。整頓すること自体がしんどいときもありますが、あとで片付けようとするとさらにしんどくなってしまうので、まず片付けてから休むようにしています。家族も、ものが散乱したりいつもの場所にいつものものがなかったりするという状況を起こさないようにしてくれています。

整理整頓は生活の基本です。日々の忙しさに負けてこれを怠ってしまうと、私の場合には大きな支障につながってしまいます。これから認知症になる可能性のあるすべての人にアドバイスしたいと思います。家の中の整理整頓は認知症になる前から、あるいは病気だとわかった時点でやっておきなさいと。自分で判断できるうちに大事なものだけ残して、いらないものはなるべく捨てるようにと。ものがいっぱいあると頭の整理ができず、何が必要で何が不要かという取捨選択もしんどくなります。

薬を飲むこと

日課として決めていることはほぼ支障なくできます。最近は薬の飲み忘れもほとんどありません。今は5、6種類の薬を飲んでいますが、そのセットはできるだけ自分でしようと決めています。以前は1週間分セットできましたが、今は1週間分の作業が苦しくなってきました。ですから、その時の自分の調子によって3日分だけとか2日分だけにするなど調節しています。それでもたいへんなときには家族を頼って、確認をしてもらったり、一緒にセットしてもらっています。

家族にセットを任せてしまえばいいと思われるかもしれませんが、せっかく薬をセットする能力があるのに任せてしまうと、自分でできなくなってしまうという思いがあるので、「一度にたくさんのことをすることができない私」が自分でするためにはどうしたらいいかという視点で工夫しています。

薬ケースはその時の自分に合ったものを求めて何回か買い替えています。今はジッパー付きの袋に曜日と朝・昼・晩と書いたものを用意して、そこにセットし、ボードに押しピンでつるしてあります。そこから毎朝、１日分を夫が机の上に出しておいてくれます。夫も時々忘れることがあるので、「すべてお任せはできない。私がしっかりしなくちゃ！」と思います。これは私の機能が低下しないためにはかえっていいことかもしれません。

ココちゃん

私は小学生のころから犬を飼い続ける生活をしてきました。結婚して子どもができて、しばらくは育児に専念したのですが、ちょっと落ち着くとやはり犬を飼いたくなり、ココちゃんで６匹目です。

ココちゃんの前に飼った犬は13歳で亡くなりました。しばらくは落ち込みましたし、その時すでに私はアルツハイマー病になっていたので、犬との生活はあきらめないといけないと思ったのですが、やがてだんだん飼いたいという気持ちが大きくなりました。

私には子どもが３人いますが、子どもはいつか巣立っていきますし、私もそれを望んでいます。子どもたちがそれぞれの人生を見つけてくれることはとてもうれしいことですし、いつまでも私のそばに縛り付けるようなことはしたくありません。私にはいつもそばにいて勇気づけてくれる存在が欲しい気持ちがあったのだと思います。

家族と相談し、もしも私がうまく世話をできなくなったときには三女に託すことにして、思い切って飼い始めました。ココちゃんは現在6歳です。犬の寿命を考えると、ココちゃんのことは自分の責任で頑張らないといけないという心の張りも生まれました。

ココちゃんはとても繊細で、私の心を見透かします。私が声を荒らげたりきつくしゃべっていたりすると、お腹を壊したりします。私は自分の思いを一生懸命に伝えようとすると言葉に力が入って、怒っていなくても攻撃的な物言いをしていることがよくあるので、それを感じ取っているのだと思います。いつも、ココちゃんは自分を振り返らせてくれます。

私のパートナーのココちゃん

第3章

これから自分や大切な誰かが認知症になるかもしれない人へ

1. 介護者としての経験を踏まえて思うこと

私はアルツハイマー病と診断される以前、介護者の立場にいました。同居していた義母がアルツハイマー病になり、義父は肺に疾患をもっていたため、1999年に二人が相次いで亡くなるまでの9年間、育児と同時に介護を担っていました。

また、実母もその後アルツハイマー病になり、2015年に亡くなりました。フェイスブックには二人の母のことを思って書いた投稿があります。

facebook

2014年11月7日

●私も義母が認知症で、9年間介護家族でしたので介護の大変さは理解しているつもりです。
実母も、今アルツハイマー病と闘っています。
二人とも私が早期発見したつもりでした。けれども、私が発見できたのは、ある程度進んでしまっていた状態だったのだと、自身がアルツハイマー病になった今になってわかりました。
初期の、自らが変だな、上手くできないという自覚があるときに治療し、周囲の理解を得ながら生活する、そんな知識があればもっと母たちは自分らしく生きられる時間がもてたと思います。
これから認知症になる人達のためにも、正しい理解を広めたいと思います。

義母はもともとパーキンソン病と診断されて治療を受けていましたが、何か変だと私が思ったのは、義母が生活の中でだんだん無気力になってきたことでした。一日中寝ていたり、部屋にほこりがたまっていても放置してあったりするようなことが続きました。義母はきれい好きで、それ以前は台所をピカピカにしてから休む人でしたから、おかしいなと思ったのです。あまりにも義母の活動量が減ったので、このままではまずいと思い、私なりに工夫をして関わるようにしました。おしゃれに関心がある人だったので、美容院や買い物に誘って歩いていったり、近くに食事をしにいったりしました。

また、私が看護師の仕事で忙しくしていたので、義母に長女と次女の世話をしてもらっていたのですが、長女の幼稚園バスのお迎えを忘れて、幼稚園から連絡を受けた義父が代わりに迎えにいったこともありました。当時は、このような状態は加齢に伴うものだと思っていました。そして義母の負担が大きいのを感じて、私は育児のために仕事を辞める決断をしました。

やがて幻聴のようなものが始まり、声が聞こえるのか来るはずのない人が来ていると言うようになりました。私は職業柄、直観的に「もしかしたら……」と思い、受診を提案してみました。夫も義父も認知症を疑う私を不審に思ったようでしたが、受診することには了承を得ることができました。義母に「体の調子が悪いようだから診察に行きましょう」と誘ってみました。よく、本人に受診してもらうのに苦労したという話を聞きますが、義母は私の提案に素直に付いてきてくれました。たぶん、義母と私の間に信頼関係があったからだと思います。

診断は、小さな血管が詰まっていて、脳も委縮しており、アルツハイマー病とのことでした。当時の私は、それでも早期に発見できたと思っていました。でも、義母本人にはもっと早くから違和感があったのだろうと、今になってわかります。そもそも義母は、アルツハイマー病ではなく別のタイプの疾患が原因の認知症だったのかもしれません。もっと早く診断がついていたら……と考えます。

その当時の私の認知症に対する知識は今の私より浅いものでした。ですので、その当時の私だったらアルツハイマー病という診断を受けた時点で、義母では危ないから長女の幼稚園のお迎えをお願いするのをやめようと考えたかもしれません。でも認知症本人としての体験をしている今の私なら、時間を見計らって声を掛けたり、幼稚園の先生と連携して義母が役割を果たせるように工夫したり、幼稚園児とはいえ娘にもおばあちゃんのことを話して、娘にもできることを一緒に考えてもらうようにすることを提案すると思います。

認知症の人が失敗すると、周囲の人は「認知症の人は何もできない」「危ないから認知症の人には何もさせられない」と考えてしまいがちですが、認知症の人が失敗してもその失敗をいかにカバーしていくかを考えることに力を注ぐ。そんなふうに考えていただけたらと思います。そうすれば、認知症ではない人のようにはできなくても、今までの生活をその人のペースで続けていくことは可能ですし、それが本人の自信につながっていくと思います。

facebook

２０１５年１月２日

●昨日、次女と孫と散歩に出掛けたところ、途中から雪がチラチラ。あっという間に吹雪に！　今日実家に行こうと思っていましたが車が出せなくなる可能性があるので、急いで実家へ新年の顔見せに。

父もあちこち身体を痛めながら母をみてくれています。母はもう自分ではうまく気持ちを言葉にできなくなりましたが、しばらく話しかけていると、今どのような気持ちかわかります。

あちこち痛むこともあり、動きも緩慢になってきました。私たちが帰ろうとすると、なぜ帰る？　もう帰る？　という顔……。

私も以前のように実家に顔出しできなくなりましたが、また来るからね。


実母がアルツハイマー病と診断されたのは2004年ごろでした。弟家族と父親が実家で母と暮らしていました。母より数年遅くアルツハイマー病と診断された私は、母の介護に直接関わっていませんでしたが、時々行って、「同じアルツハイマー病の人として、お母さんはたぶん、こんなことはしてほしくないと思うよ」「たぶん今こんなことを感じているんだと思うよ」「そういう言い方をされると傷つくよ」「言うだけでなく、メモに残してテーブルに置いておいて」など、アルツハイマー病本人の立場から母の気持ちを代弁して、母の尊厳を保つ手助けをしていました。

一方、母は私に、一緒に暮らしている家族について「こんなことをしてくれない」「こんなことをされた」「こんなことを言われた」などの不満を言うことがあり、私はそれを聞く役目もしていました。本人としては、記憶や判断する力に支障があるため、周りの人が気付かない不安や不満を抱えることがあります。そのような不安定な気持ちを聞いてくれる人がいることや、自分のことを理解してもらえていると感じられることは、安心が得られることなのです。

facebook

２０１５年２月20日

●尊敬しつつ介護することについて考え続けられているＹさんを紹介したいと思います。

いつも連れ合いさんへの変わらぬ愛をもって、ともに生活送ってくださっている様子に、私も人生の後半は、このように私をみてくださる人がそばにいてほしいと思います。

人としての尊厳を、命の尊さを、その愛を認知症の人に与え続けてもらえることが、認知症の人を穏やかにするのだろうなと思います。

義母を介護していた当時、私は義母が嫌な気分にならないように関わる努力をしていました。

口をもぐもぐ動かしているときは、きつい口調で怒ったりせずにひと呼吸置いてから「何を食べているの？」と話し掛けました。口を開けてもらったらお人形や湿布が入っていたことがあります。本人はおもちとか竹輪とかを食べているつもりだったようですが、「食べられないから出してね」と言って取り出しました。

義母が「ものがない、ない」と言うときには、私も一緒に探して納得してもらいました。「誰々が盗った」と名指しで人のことを言うときは、私は「たぶんほかの人には私のこともそう言っているんだろうな」と嫌な気分になりながらも、受け流すように努力しました。

「お米がないから」と近所にもらいに行ったときもありましたが、義母が認知症だということを近所の人には伝え、わかってもらえました。周囲の理解がなければ誰かが悪者にされてしまったかもしれませんが、隠さなかったことで自然に周囲の人たちが連携し、理解し合ってくれていたように思います。

近所には認知症のお母さんを介護している同じ世代の友人がいたので、その人から当時普及し始めた紙おむつや介護サービスなど私の知らない情報を得ることもできました。当時は、介護が必要な高齢者は家の者がお世話するのが当然という風潮が強く、何かのサービスを使うことに抵抗感を感じたり批判を受けたりすることもある時代でしたが、デイサービスやショートステイを利用し、そこの職員に相談しながら精いっぱいに頑張ったと思います。「私は看護師だから大丈夫！　私が頑張らなくては」と思っていました。一生懸命に育児や義父母の介護を頑張り続けていましたが、私の精神的なバランスが崩れ始めたのを感じて、義母は施設に入居してもらうことに決めました。

当時を振り返ると、義母が何もせずに寝ていたり食べ物ではないものを口に入れたりしていても、そういう感覚の中で生きている本人のしんどさは想像もできませんでした。義母のたいへんさより「介護している自分のほうがたいへん」という思いが大きかったと思います。自分のしんどい思いを周りの人に話して、楽になりたいと思っていました。

私の経験からも、認知症介護については介護者が楽になるためにどうするかという視点で考えられがちだと思います。でも、認知症の本人が不安なく安定した状態でいるためにはどうしたらいいかを考えることを忘れてはいけないと思います。本人が良い状態にいれば、介護者も安心感が増して心身ともに安定します。頼りにしている家族が不安で怖い顔をしていたら、本人は「ここは自分のいる場所ではない」と思ってしまいます。

今は、認知症介護というと介護保険や施設入居を前提にする傾向がありますが、その前に、今いるところに住み続け、本人のそれまでの生活を続けるためにはどうしたらいいか、本人を中心として周りのみんなの工夫でどう乗り越えるかをまず考えるほうがよいのではないかと思います。

介護保険や公的サービスは、どう支えるかという方法のうちの選択肢の一つですが配慮も必要です。介護保険制度のデイサービスやショートステイを利用するときは、本人に合った安心できるところを選ぶことはもちろんですが、本人に対してそのサービスを使う理由をきちんと説明することも大切です。そうすれば、自宅ではないところに行くことを、本人なりに納得しようとするのではないでしょうか。話し合う中で本人の考えを引き出すことも必要だと思います。もちろん、説明してもすぐに返事ができないこともあります。理解するのに時間がかかったり、一度は理解しても忘れてしまったりすることもありますが、全くわからないわけではないと思います。ショートステイであれば、「いつからいつまで」と予定をきちんと話したりカレンダーに書き込んだりして、納得できるようにしてあげることが不安解消のためには大切だと思います。ショートステイは短期間のほうが本人にとっては良いと思われる場合もありますが、私の経験上、本人にとっては違う環境に慣れることが大きなストレスなので、目まぐるしく生活環境が変わると混乱してしまうことがあるかもしれません。本人の視点で安心できる環境に配慮することが大切だと思います。

facebook

２０１５年７月１４日

●私も介護者だった時に、靴に名前と住所を記入して万が一に備えました。裸足で出かけられることはなかったなぁと思い起こします。

【ＧＰＳ内蔵の靴についての記事へのコメント】

義母は、私がきつい言い方をしたときには気持ちが不安になるのか、「家に帰らないけん」と落ち着かなくなることがありました。今住んでいる家は自分の家ではないと感じたのだと思います。

たまに、何かが気になって外に出ていくこともありました。どこに行くのかとそっと付いていくと、町内を一回りして家に帰るのを確認できました。ちゃんと帰ってくるので、無理に外に出ることを止めたりとがめたりしませんでした。外出に気付いたときにはうしろに付いて歩いたこともありました。そして、もし迷子になったときのために、靴に住所と名前と電話番号を書いておきました。今は、GPS機能を内蔵して詳細な居場所がわかるようにした靴があるようです。きっとこれから認知症になる人にとっては、安心して外出できるための工夫がどんどん生まれると思います。

ある日、こんなことがありました。デイサービスに義母を迎えにいった帰りのことです。義母を車の中に待たせて買い物をしようと駐車場に車を停めて降りるとき、とても疲れていた私はイライラして「おばあちゃんがいなくなればいい」という意味のことを言ってしまったのです。買い物を済ませて車に戻ってみると、義母がいなくなっていました。通っているデイサービスに事情を話して警察にも連絡してもらいました。義母が歩いて行けそうなところを私も探し回りました。その間、生きた心地がしませんでした。幸い道を歩いているところを保護されたと連絡が入ったときには、本当にほっとしました。

そんなことを口に出してしまったのは一度だけでしたが、そう言ってしまうような精神状態になる介護者の気持ちはとてもよくわかります。その一方で、何も理解できない人だと思って言った私の言葉をそのまま受け取って車から離れた義母のショックも、今はとてもよくわかるのです。ひどいことを言ってしまいました。

facebook

２０１５年11月７日

●今日は、母の葬儀でした。
私と同じアルツハイマー病でした。
最後まで人としての尊厳を守れるように、力を尽くしたつもりですが、
母が満足していたかはわかりません。
優しい、また、厳しいまっすぐな人でした。
母に見守ってもらいながら、あの世で出会った時に、私も頑張って生き抜
いたよと胸をはれるよう生きていきたいと思います。

facebook

2016年8月13日

●昨日はアルツハイマー病だった母の初盆でした。

「自分たちが気がつく何年も前から母は生活に苦しんでいた、できるはずのことができずイライラを周囲に当たり散らしていたのだと、今ならわかる」。そう弟が言っていました。

介護してきた家族の方から本人が亡くなってから思い当たるというのはよく聞きます。

本人しか気が付かない時期が長いのです。知識があれば今の時代は認知症とともに生きることが可能な手段も取れる。できなくなってから、何かおかしいと周りが気づくまで本人が頑張らないと認知症と認められないのはおかしいと思います。

そういう誤解や偏見は早く無くなってほしい。

認知症があってもその人らしく生きる事を皆で支えてほしいし、本人も諦めなくていい。

そういう時代の流れが来ています!

認知症という症状は、ある日突然に発症し介護が必要になるわけではありません。認知症の人には空白の期間、つまり介護を必要とするに至るまでの期間があるのです。介護が必要となるほどではない認知症の人は、見ただけでは認知症とはわからないけれども、困難な状態に置かれている場合があるのです。これまで、その期間に理解されたり支えられたりすることがあまりなかったのではないでしょうか。

今認知症だとわかった人は、もしかすると十数年前から病気が始まっていたのかもしれません。もしかすると十数年前から本人には違和感があったのかもしれません。本人は「おかしい……」と思っているけれど周りは気付いていないこの空白の期間の理解を広めていくと、認知症とともに生きる人生の始まりが充実してきます。認知症とともに生きる人生の始まりがスムーズなら、少しずつ症状が進んでいく認知症の人たちの人生が、これまで考えられていたものよりもっと良くなるのではないかと思います。そして、認知症というと結び付けられがちな「介護でたいへんな状況」になるのを、少しでも食い止めることができるのではないかと思います。

これから認知症になるかもしれない人々は、早期から自分や周りの人がこの状況を理解すれば、自分らしさを保って生活できることや、苦しみばかりでなく楽しめることもいっぱいあることに気付くはずです。そのためにも早期受診と適切な治療・早期対応がとても大切です。

「認知症とともに自分らしく生きる」、それは、これから認知症になるかもしれない人たちにとっての課題になると思います。これは介護をする立場にいたり認知症になっていないときには思い付かないことです。ですから認知症であるという実際の感覚や経験を語る本人とともに、認知症になってからも続く人生を考える人々が増えていくことが必要だと思います。

2. 認知症とともに生きるという感覚

認知症の本人が日常生活で感じる日々の感覚や思うことを知ってもらうことは大切だと思います。私自身、アルツハイマー病と診断されてからも日々の暮らしをする中で、さまざまなことを感じています。その生活の場が将来変わる可能性はありますが、どこにいても「暮らし」は続きます。

今の私の生活の場は自宅なので、朝、家族が仕事に出てから一人で過ごすことが多いです。「孤独」を感じることはありますが、今のところ「孤立」は感じていません。いくら周りにたくさんの人がいても、「孤立」を感じては認知症の人は不安になり、気力を失ってしまいます。おそらく、認知症の人でなくてもそうだと思います。

アルツハイマー病になってから、ふとしたことで不安になったり混乱しやすくなったと思います。その原因には、忘れることやものごとをうまくできないことだけでなく、人との関係性への不安があります。認知症になってからもより良い人生を送るためにも、自分にとって身近で重要な人々とのつながりを感じられることは大切です。

また、認知症とともに生きるということは、困難を抱えた自分自身との闘いでもあります。認知症の人が自立して生きるためには、安心して頼れる依存先をたくさんつくることが必要だと実感しています。認知症になってからも多くの人と出会い、つながることで、私の世界は広がっています。

facebook

２０１４年10月12日

●アルツハイマー病になってから7年すぎ、自分が忘れる事より、人から忘れられてしまうことの方が悲しいと思う。

認知症の人はもの忘れをするといわれます。ですから私は最初のころは、もの忘れをすること、たとえば予定や約束の時間を忘れることをとても気にしました。しかし、今はそのことにはあまり危機感をもっていません。

アルツハイマー病になる前は、予定ができたときにカレンダーに書き込むことはしても、頭にも記憶として残っていたので、その記録に頼らなくても大丈夫でした。でも今は、予定が決まると同時にスマートフォンのカレンダーに書き込みます。さらに、居る時間が長い台所のカレンダーにも書き込みます。毎日毎日、一日の中でも何度もカレンダーを見ます。何日の何時に何があるのかを忘れないように見続けることをしていれば、失敗することはほぼありません。病状は進んでいるはずなのに、失敗をしながら工夫を重ねている今のほうがミスは少なくなりました。忘れても、そういうふうに工夫をすればいいのです。

でも、「あの人はどうせ忘れてしまうから」と思われて、周りの人にとって私が大切な人でなくなっていくとしたら、それは怖いし悲しいことです。認知症になったことで人としての価値がなくなっていくと思われるとしたら、嫌だなと思うのです。

facebook

２０１４年10月16日

●このところ、考えることが多く緊張が続き、神経も筋肉もリラックスするということがどういう事なのか忘れてしまった感じで、辛かったです。なので、アロママッサッージを受けてきました。とても楽になりました。皆さん、おすすめです。

認知症の人は日常的に緊張にさらされています。私は、音や光にも敏感になったように思います。肩こりや頭痛もよくあります。ですから気持ちと身体をリラックスさせることを心掛けています。

治らない病気にかかってこれから先どうなっていくのだろうと考えたり、日常の生活を送ることに神経を集中させている状態で無意識にストレスを抱えて自然に歯を食い縛っているらしく、歯を痛めて治療をしました。

体調を整えることは認知症の人にとってとても大事です。私は、毎日ストレッチをしたりアロママッサージを定期的に受けることにしています。良い状態を保つにはお勧めです。海外では、認知症の人が緊張を抱えていることを理解して、本人だけでなく家族も政府の援助でアロママッサージを受けられる地域があると聞いたことがあります。とても良いことだと思うので、日本でもそういう仕組みがつくられるといいなあと思います。

facebook

2014年11月14日

●視野が狭くなるためか、一緒にいるはずの人が、いないと思えるときがあります。キョロキョロすると視界に入ってきて、「あ！いたんだ」と安心します。最近そういう事に気がつきました。発症に気がついた頃から、階段を降りるのが怖くてゆっくり、手すりに触りながら降りるようにしています。見え方に微妙な変化を感じているからなのですね。納得。

私は、集中できる範囲が狭くなり、全体を見渡すことなどができにくくなってきています。緊張しているときは特にそうなのですが、広いところに行くと自分の前しか見えていないようで、横に知り合いがいても目に入っていないことがよくあるのです。また、階段を降りるときに段の感覚がはっきりわからなくて、一歩足を踏み出すのが怖いこともあります。疲れていると平たいところにある模様がデコボコしているように見えるなど、実際のものと目に映っているものが違っていることもあります。

facebook

２０１５年１月18日

●眠れないのは、思考を止められないときに起きる。しかも今考えなくてもよい事だったり、苦しい事であったりがとめどなく頭を巡る。そして頭痛もやってくる。
失敗すること……単なる失敗ではない。なぜそのようになってしまったか、自分でも理解に苦しむ事が起きてしまう。それが失敗として現れる。

笑ってすませられるものではない。

一人苦しみと戦いつつやり過ごしていく。

楽しいことに思考回路を切り替えなくては……こうして書き込むことで整理をつけようとがんばる。

良い睡眠をとらないと……。

認知症の人は睡眠障害に苦しむこともある。という事実があります。


発症したばかりのころ、なかなか寝付けないことが続きました。実は眠っているのに眠っていない気分がしたり、起きているのか眠っているのか自分でもわからなくなったこともありました。横になっていると、自分は起きているつもりなのに、夢のような感覚で音や声が聞こえるのです。外に誰かがいるように感じたり、救急車が来ていると思ったり、ある時は弟が何かしゃべっている声が聞こえて、こんな時間に弟が来ているはずはないと思って覚醒したこともあります。

そのような、そこにいないものがいる感覚、幻聴のような感覚に苦しみました。私は心療内科で睡眠導入剤を処方してもらい、薬によって睡眠のリズムを整えるようにしました。睡眠を整えることはとても重要です。睡眠障害はストレスによっても起きます。睡眠障害で体調が悪くなると、短期記憶も悪くなってしまいます。そうなると病気の症状が進んだと思ってしまいがちですが、それよりも体調が整っていないためにそうなった可能性が大きいと思います。

facebook

2015年2月23日

●最近とても調子悪い。

ところが、今朝起きてみると、頭が膨張するような痛みと、ぐちゃぐちゃなこんがらがった感じで頑張る毎日でも、楽しく明るく過ごすために工夫してみようと、一番に考える自分がいた。

そんな自分にびっくりしたし、嬉しい気持ちだった。

ちょっと気力回復してきてるのかなぁ。

家族にも今の自分について話しまくったし、行きつけの美容院の人とも話したし……落ち着きを取り戻してきてるのかも!?

これが続くといいなぁ…。


日々の体調は、一日の中でも変動します。私以外の認知症の人達もだいたいこういう状況と闘いながらの毎日のようです。


なんとか自制しようとは頑張るのですが、元気だった頃よりブレーキはききません🙂

周りに迷惑を掛けたくないと思っています。それで頑張って急に何でもなかったような展開を取るよう努めたりもします。それが不自然な感じ。

家族はそれでも受け入れてくれます、今のところ。

情けなく申し訳なく思ってしまいます。

でも、感情の尾を引かないように小爆発は、必要です(￣ー￣。)

不調の波にはあまり逆らわず、波に乗って穏やかになるのを待つしかないですね😂
乗り切り方もそれぞれが経験しながら方法を見つけないといけませんね。

私の体調は一日のうちでも変動が激しく、それだけでなく1週間でもひと月でも調子にむらがあって、何も判断できないときもあるし感情がコントロールできないときもあります。天気、気圧にも関係しているようです。ただ、それがずっと続いているわけではありません。

気持ちもすぐに落ち込んでしまいます。さらに、その感情に引きずられて、明るい思考、前向き思考、何とかなるさという楽天的な思考が遠くなり、「どうしてこうなんだ」という不平不満の感情に支配されがちになります。自分もそのことで苦しみますし、周りにも迷惑が掛かります。ほかの認知症の人たちも、平静を保っていられる期間は少ないのではないかと思います。

考え出すと悪い考えの渦に飲み込まれてしまうので、そうした時は散歩をしたり好きなドラマを観たりなど、別のことをすることでマイナス思考の回路を切るように努力しています。また、誰かにその時の感情を話しているうちに自分で整理できることもあります。

幸い私にはそのような友人が何人かいます。認知症になってから知り合った友人もいますし、認知症になる前からの友人もいます。そうした話を受け止めてくれる友人とのつながりは、本当にありがたいです。

facebook

２０１５年３月１日
●ステキです！
こういう事は広めたい。
女性はいくつになってもファッションに興味があると思うし、男性も女性もいつまでも華やかな気持ちを忘れないで。
【介護ファッションショーについての投稿へのコメント】

私は、日々鏡を見ることを心掛けています。認知症の人に表情がないということをよく聞きますが、私は自分で自分の表情を確認します。そして時々、鏡の中に疲れた自分が映っていてぞっとすることがあります。自分が悲しい顔になっているとさらに悲しい気持ちになり、心底から希望がもてなくなってきて、どんどんマイナスに作用します。つくってでも笑顔でいることは大切ですし、自然に笑顔になれたらもっといいと思います。とてもしんどいときなどは、顔がこわばってなかなか笑顔がつくれないこともありますが、常日ごろから毎日笑顔でいるように心掛けています。

高齢の女性がお化粧をすると笑顔が見られると聞きます。それはとても大切なことだと思います。こうなりたいという自分の理想にもっていこうとする気持ちを忘れないことが、笑顔をつくるのだと思います。私自身は濃いお化粧はあまりしないのですが、誰にも会わなくても毎日化粧をするようにしています。いつもすることはし続けないと、手順を忘れてしまいますから。アイメイクなどは手を抜きがちですが、そのうちにやらないことが当たり前になってしまうような気がして、できるだけ手を抜かないようにしています。

facebook

2015年4月8日

●人に迷惑をかけたくないから、「大丈夫」と言う時もあります。自分でなんとか頑張れると思ってしまう時もあります。

何でも一人でしようとすると、無理なことがたくさんあります。でも、「やりたいことがあれば、失敗しても何度か挑戦すればできるようになる」。私の経験ではそう感じています。

困った事態が起きたら誰かに助けを求められるようにしていけば、できることも増えるし、それは自信につながります。「自立とは、自分がしっかりして何でも自分ですることではなく、依存先をたくさんもつこと」といいます。認知症の人にも同じことがいえると思います。認知症であっても自分らしく自立した生活を実践していくために、安心して頼れる依存先がたくさんあることが大事だと思っています。

人間関係は認知症になってからでもつくれます。それまでの人間関係を大切にしながら新しい人間関係をつくっていくことで、世界が広がっています。私は認知症になってからいろいろなことに挑戦して、新しくたくさんの人に出会いました。家族は、そうして世界を広げている私を心配しながらも、私にとっては良いことなのだと認めてくれているので助かります。

facebook

2015年7月3日

●長い文章はきつくなってきました(T_T)

もう難しいかな…。

2015年11月4日

●生活に散りばめられる機能の低下の影響は本人にしかわからない。本人が「最近なんか変なんだよね……」そうつぶやくこと、それを、何言ってるの!? 大丈夫だよと否定しない世の中になっていくと良いなぁ。そこから皆が、ともに歩む暮らしを考えることができる。

2015年11月4日

●よく、本人の世界とか言われるけれど、おかしな人の特別な世界ではない。機能の低下による混乱という正常な反応。落ち着けばそれに順応してそれとともに生きる方法を見つけられる。認知症医療は本人の混乱や苦しみを軽くするためにあってほしい。

2015年11月11日

●認知症といっても、記憶の問題を抱える人ばかりではない。知っていれば、本人も、周りの人も暮らしが変わるのでは……。

2015年11月30日

●物忘れとかいう単純な感覚とは違う。できなくなってしまう状態として認知症を理解していては、自分に降り掛かってきた時、残念なことになります。頑張ってる時だけ見ている人にはその前後で苦しみがある事も理解されません。吐いたり寝込んだりしています。

私のしんどさは、もの忘れでしんどいということではありません。例えば、片付けをしているときなど、複数のものを手に持っていると、捨てるべきものを取っておいて、取っておくべきものを捨てることがあります。一つのものを決まったところに置こうとするとき、手にしていた別のものを一緒に置いてしまうこともあります。それが「ものがなくなっている」という現象につながることもあります。生活の中に、間違えないようにと常に集中することと緊張感が入り混じっているのです。その緊張感によって身体がダメージを受けているような感覚がしんどいのです。

私は「認知症には見えない」とよく言われます。私自身もその瞬間、瞬間はさえていると思っています。思考を巡らせて必要なことを取り出し、状況判断をして話すことはできているのです。でも翌日になると、いえ何時間か経つと自分のしたこと、言ったことが薄らいでしまい、不安になってくるのです。そういうところはほかの人には見えないので、本当に認知症なのかと思われるのでしょう。

認知症の人は何かをするたびに、たぶん皆さんが考えている以上にたいへんなエネルギーを使っているのです。何かを成し遂げるごとにとても疲れます。疲れを感じるごとに休むことが必要なのです。ですから、今までどおりのペースでやろうとしても失敗したりして持続できません。私は今、集中できる時間が少なくなってきて、人と話すのも2、3時間がせいぜいです。ベストでいようと思ったら1時間くらいかもしれません。

そしてそのあと、脳が疲れるのです。頭が痛いという感覚とは別の、脳が膨張する、脳がジンジンする、グワグワと揺すられているような疲労感を覚えます。〝脳疲労〟が出た状態で何かしようとしても、絶対にできません。そうなってしまったら、30分〜2時間くらい寝ることにしています。シーンとした静寂の中にいるといろいろと考えてしまうので、メロディだけの曲や意味が伝わってこない外国の曲を流して休むことが多いです。眠れなくてもとにかく布団に潜り込む、そうするとまた起き上がって「何かをしよう!」と次に向かえるのです。

私は、認知症を起こす病気の一つであるアルツハイマー病です。ですから、別のタイプの認知症の人たちにはまた違ったしんどさがあるのだと思います。さらに同じアルツハイマー病の人でも、一人ひとり生活の中でのやりにくさやつらさは違うと思います。その感覚が認知症本人の発信によって少しずつ広まり、理解されていくことを願っています。

facebook

２０１６年１月１日

●新年のスタート！
フェイスブックでのつながりからまた、新しい出会いもあるかなぁ。

アルツハイマー病の診断を受けてから９年になります。

アルツハイマー病になってみてわかるのは、よく理解し、必要な助けをいただきながら人との関わりを持ち続けることの重要性。

気持ちを言葉にしていくこと。

諦めない気持ち。

失敗を恐れず、失敗しても家族や仲間とアララ！と笑い合いながら生活する事…等など。

記憶の問題、自信のない判断などで周囲との摩擦が起こることもあります。

それも含めて皆さん❣

今年もよろしくお願いします（*^_^*）

2016年3月13日

●私も負の感情と闘っています。

自分でも厄介だなぁと思います。

人というのは他者との関わりの中で自分の価値を感じたりできると思います。

認知症の人と楽しい時間をつくること。これからの社会づくりのキーワードかもしれません。

初めのうち、私はできないことばかりを数えていました。「こんなこともできないのか」「忘れていた」「失敗した」など、マイナスの部分だけを見ている自分がいました。しかし、今はそんなことを考えている暇はありません。しなくてはいけないことが目の前にたくさんあって、それらを成し遂げることで精いっぱいな感じです。やりたいことをするためにはどうしたらいいのかを考え、前を向いて生きていたほうが、良い状態を保てるのではないかと思います。

回想法という療法があります。もちろん良いことですし、効果もあると思いますが、私はそれよりも「未来療法」がもっと良いのではないかと思っています。忘れていいこともたくさんありますし、忘れても工夫で乗り越えることはできます。過去を振り返るよりも、これからやるべきことを心に刻むようにすれば、前向きになって元気になるのではないでしょうか。

facebook

２０１６年10月24日

●人間関係の継続が大切、これまでの生活を維持するための支えが必要、本人としてずっと感じています。

アルツハイマー病が進むにつれ、なぜか自ら摩擦を起こしやすいとも感じています。

私は先日も、「良くなられて良かった」と声をかけられました。説明などする時間もないので、ありがとうございますと言いましたが、良くなったわけではないです。

良い状態を保つ日々の努力をし、私を支えてくれる人達に守られているからよく見えるのです。

そういう、初期の人への理解はまだ進んでないと私も感じています。

保険点数では計れないものが必要。

社会の、認知症の人への新たな理解と取り組みは必要です。

ともに創り出していくことも可能と思います！

２０１６年11月1日
●認知症になったとき、その不安があるとき、支え続けてくれる友達の存在は大切です。

私には、アルツハイマー病になってもこれまでどおり関わってくれる友人が何人かいます。ありがたいなあと思っています。私のことを一人の人として見てくれていると実感しています。

よく、認知症になって趣味の教室や友人との集まりなどから遠ざかってしまう人がいます。でもそれは、認知症だから参加できないのではなく、出掛けられる環境や手助けがないことも大きな理由です。その人の移動手段の不安や行った先での不安が起きない状況を周りの人がつくってあげると、出掛けられるようになることもあるのです。

認知症になると本人から発信することがだんだん難しくなってくるので、友だちのほうから関わりをつなげてくれて、時々でも連絡を取り合えることはありがたいことです。認知症の人にとっては、「この人は私のことを思ってくれている」「この人とはちゃんとつながれている」と思える関係をたくさんもつことが絶対に必要だと思います。「私には家族しかいない」「○○さんしかいない」「○○の会しかない」ではなく、より多くの人と出会い、多くの頼れる人とつながっていると、人生を豊かにする可能性が広がっていくと思うのです。

認知症の人がいろいろなことに挑戦するためには、周りの理解と助けが大切です。理想的には、本人を中心として、その依存先であるみんながつながっているとなお安心です。

facebook

２０１６年11月4日

●計算が苦手、不安という事実はありますが、モタモタしてしまうこと、お金のやり取りと荷物のやり取りの同時進行がきつい。それで買い物が苦手と感じる。
でもそれにも負けず、ずっと買い物を続けていると、それなりにできるようになる、という事も経験しています。

私は計算が苦手になり、お釣りを間違えることなどへの不安はありますが、それ以上にレジでもたもたすることで周りに迷惑を掛けることや、お金のやり取りと買った荷物の管理を同時進行しないといけないことがきついのです。そのため、買い物に一人では行きたくない、行くのをやめたいと思い、最初のころは夫や娘についてきてもらって、私は会計の人とのやり取りをし、荷物の管理は夫や娘にしてもらっていた時期がありました。そのころは、能力の落ちたダメな自分を突き付けられる気がして、外に出たくないと思ったりもしました。

アルツハイマー病と公表してから、人が私を見る視線が怖いと感じたこともありました。どう思われているかわからないような視線を浴びせられる経験をすると、人前に出ることが怖くなります。ココちゃんの散歩にも一人では行くことができなかった時期もあります。視線のこともありますが、片手にリード、片手にお散歩バッグを持って両手がふさがるとフンの始末などができなかったのです。このように、最初の数年は外出することが不安な状況が続きました。でも、生活するためには外に出る必要があります。しんどくて何もやらないとどんどん能力が落ちるということもあって、私は頑張って自分でできることは自分でするようにしてきました。ココちゃんの散歩も、肩掛けバッグで片手を空けると一人で行けるようになりました。これはちょっとした工夫をしながらさまざまなことにチャレンジするというきっかけにもなりました。

認知症とともに生きることは日々の自分との闘いです。何かをするたびにひどい脳疲労を感じるので、「こんなにしんどいのであれば、やらないほうがましだ」と考えがちですが、頑張ってやることには頑張っただけの価値があると思います。

3. 一緒に考えてほしいこと

認知症というと、これまでは高齢者問題や介護に関わることとして考えられてきたように思います。そして、どう介護をしたらよいのか、認知症の人たちとどう関わったらよいのかということについて、認知症ではない人たちだけが考えてきたのではないでしょうか。

高齢者の人口がますます増えていく中で、高齢者が暮らすうえでのさまざまな困難を考えていくと、その生活を守るための対策は必要です。でも、その高齢者対策の中に認知症対策を入れ込んで考えるのでは十分ではないと、私は考えています。今後、多くの人々が直面するであろう「認知症」への対策は、独立してあることが理想的です。高齢者対策の中に認知症対策を入れ込むのではなく、認知症対策は高齢者対策と交わっていると考えたほうが良いと思います。

表　「認知症の人の抱える課題」と「高齢者の抱える課題」の違い

認知症の人の抱える課題（例）	高齢者の抱える課題（例）
経済	身体的な衰え
就労	健康
外出	外出
運転	運転
子育て	人とのつながり
⋮	⋮

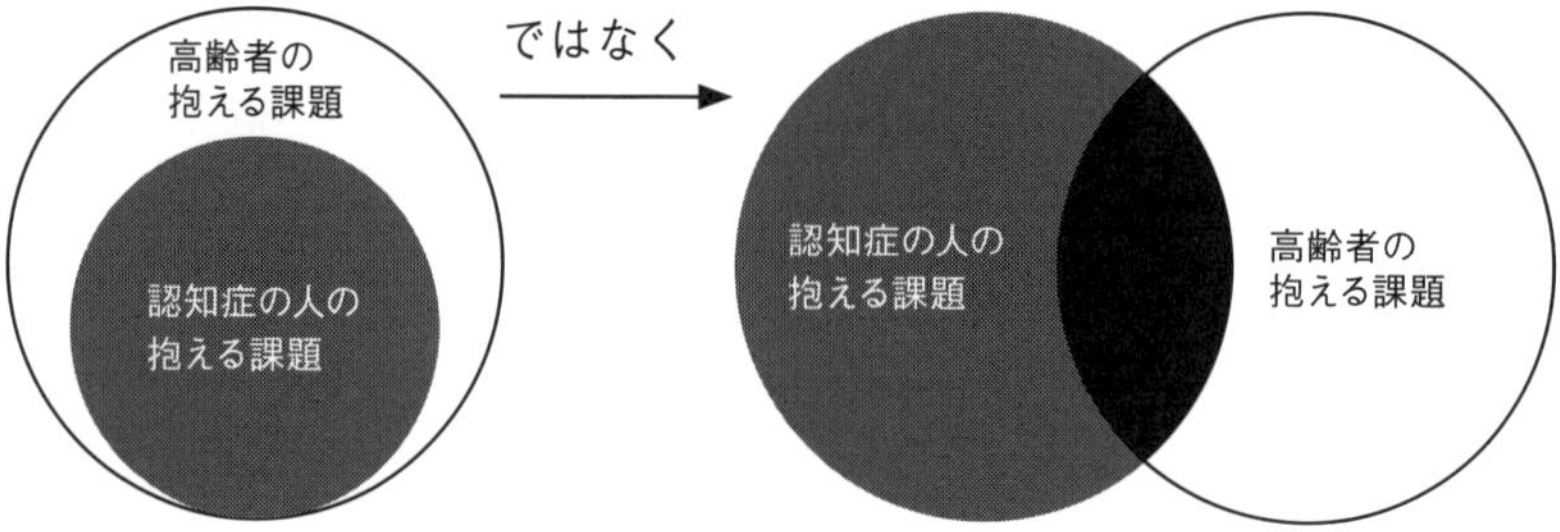

図　「認知症の人の抱える課題」（編みかけの部分）と
「高齢者の抱える課題」（白い部分）の重なるところと重ならないところ

高齢者の抱える課題と認知症の人の抱える課題の位置づけは、これまでは右ページの左の図のように捉えられていたのかもしれませんが、右の図のように並列する課題として考えてほしいと思います。そうすれば、「高齢者の抱える課題」と重なる部分だけを考えるのでは「認知症の人の抱える課題」のすべてをカバーすることはできないことがわかると思います。

医学が進歩して、認知症を起こす原因にはアルツハイマー病、レビー小体病、前頭側頭葉変性症、脳血管性、アルコール性などなど１００種類以上もあることがわかってきたようです。若年性認知症については、「若くてもボケる」という捉え方で受けとめる人たちも少なからずいますが、「認知症＝ボケる」ということからいったん離れて、そもそも認知症には原因となる病気があるのだということをきちんと理解してほしいと思います。

認知症になったからといって、いきなり介護が必要になるわけではありません。ですから、「どう介護すればよいか」「どう介護されたいか」と聞かれても、そこまで症状が進んでいない私にはどう答えてよいかわかりません。「あなたたちはいずれ介護される人となる」ということを突き付けられている気持ちになります。

私が最初に不安だったのは、アルツハイマー病は治らない病気で、これからどうなっていくのかがわからなくて、判で押したように「10年後には寝たきりになる」「自分のことがわからなくなる」という絶望的な情報しかなかったことです。それまで自分自身が偏見をもっていた部分もあり、「アルツハイマー病になったらダメ」という印象をもってしまったのです。でも、認知症とともに生きるための備えを早い時点でスタートさせればさせるほど、自分らしく生きていけることを今の私は確信しています。そのために、認知症とともに生きる人生の始まりの時点から、周りの人にも認知症の本人と一緒に考えてもらいたいことがたくさんあります。

I. 言葉、表現

facebook

2015年9月16日

●言葉はイメージを膨らませ、良い方にも悪い方にも向かい自然と人々の心に刻まれてしまいます。「徘徊」は使わなくなると良いですね。いまだに「ニンチ」と略して表現する人もいますが…。それも使うことがなくなる日がくるはず。

２０１５年11月5日

●私は地元で活動を始めた頃、「認知症の人も患者です」と言っていました。英語訳だとどういう意味だという事は考えなかったです。医療を適切に受ける権利がある患者である。そんな風に言っていました。今の医療では治せない、する事はない…。初めに頼りにするために行く医療現場で痛い目をみた私はそういう気持ちがありました。

活動を重ね、いろいろな人と出会い、ワーキンググループの活動も始まり今は「認知症とともに生きる私達」「認知症の人」の表現を多く使うようにしています。

人格ある人としての社会的位置づけを、人々の心の中からしていかないといけない。そんな風に思います。

２０１６年１月６日

●ニンチ…

本当に嫌な言葉遣いです。

認知症という言葉が使われるようになったのは２００４年からです。その前は、「痴呆の人」とか「呆け老人」という言葉が使われていました。「痴呆」という言葉で人を表すのは人としての尊厳を損なうということで考え出され、使われるようになった「認知症」。人としての尊厳を大切にすることは大切です。でも、社会では認知症という言葉だけが独り歩きして、これまでどおりの偏見をもったままで認知症の人たちを捉えてはいないでしょうか。「認知症になっても、希望と尊厳をもって生きていきましょう」と私たちは言っています。けれども、社会が認知症の人たちのことを語るときに、それを否定するような表現を使うのを聞くと嫌だなと思います。「徘徊している」とか「ニンチ」とか「拒否」といった言葉は、心の中で認知症の人たちを手の掛かるやっかいな人間だ思っていることの表れのように感じてしまいます。そのような言葉は、無意識のうちに誤解や偏見を助長するのではないでしょうか。私が「ニンチ」と言われたら、私はとても悲しくグサッと傷つきます。当事者である本人が嫌だと思う言葉は、やはりなくすべき言葉だと思います。自分がそう言っている側にいると気付かないかもしれませんが、自分がその立場になったときに初めて感じること、わかることなのです。自分が

「ニンチ・はいかい撲滅キャンペーン」バッジ。「徘徊」「ニンチ」などの言葉をなくそうと「NPO法人播磨オレンジパートナー」が作った

言われたらどうか……、その想像をしない、理解しようとさえしないということがなくなってほしいです。

Ⅱ．就労・経済問題・社会

facebook

２０１４年11月24日

●本当にすごい⤴⤴

認知症になっても安心な社会の取り組みとはこういうものだと思います。

各企業が、認知症を理解する責任者を置き、企業の中で認知症の人が不利益を被らないようにスタッフ皆で考える。

金融機関だけでなく、スーパーや駅、病院等々たくさんの場で皆が本人視点で取り組めば日本も認知症になっても安心な社会の実現が！

これは、認知症でなくても他の社会的弱者の問題に置き換えても適応できるかなと思いました。

【英国アルツハイマー協会「認知症の人にやさしい金融サービス憲章」日本語に翻訳という記事へのコメント】

2014年11月26日

●認知症の人が働くということの中に、現在の職場での継続就労の工夫も考えてくださる事が必要だと思います。これから、早い段階で認知症に気がつく時代がやって来ると思うからです。そしてそれが難しくなった時、こういう取り組みが全国であると、かなり長く就労できる可能性ができてくると期待しています。

若年層の認知症の人の経済問題は深刻であるので、具体的な、本人の意向に沿ったものを考えていくのは重要だと思います。

【認知症の人が地域にある「仕事」に携わる機会を設けているデイサービスについての記事へのコメント】

2015年1月24日

●初めから働けるはずはないと決めつけないで、認知症の人とともに認知症になっても働ける社会をつくっていきたいです。

認知症の人が働くことについては、ボランティアや生きがいとして働くというより、収入が得られるかたちが増えればよいと思っています。私も、アルツハイマー病と診断されて、仕事を続けるかどうか悩みました。それまでと同じ仕事量を同じスピードでしようとするとてもしんどい状態でしたが、そこをフォローしてもらえるような提案を職場にはできなかったし、そもそもそんな提案を認知症の本人である私がしていいとは思わなかったのです。当時の私には、「周りの人に迷惑を掛ける存在」である私が働くことができるような配慮をしてほしいという希望を伝えることなどできませんでした。10年経った今は「そのことを本人から提案されたら、職場でも考えなければいけない」と思う人が増えてきています。その流れを加速させてほしいと思っています。

仕事を辞めるにあたっては、経済的な問題も同時に降り掛かってきます。収入が減る、またはなくなる状況が、認知症の人たちには起きるのです。それぞれが、制度を駆使したり、それまでの蓄えやパートナーの収入、子どもの援助などで生活を成り立たせていると思いますが、認知症の人たちが、できればそれまで自分が働いていた職場で継続して収入を得られるのが理想的だと思います。認知症の人たちがそれまで働いてきたことに対してその利益を損なわないようにしなければいけないと思います。そのためには多くの人、特に雇用する側の人たちに、さまざまな制度や仕組みを知っておいてもらいたいと思います。特に、診断直後の認知症の本人には、将来自分が困らないような仕組みを調べたり手立てをしたりということは難しいのです。診断されたときに、職場で相談できることが必要です。

民間の保険会社の認知症保険の充実にも期待しています。現在ある認知症保険は、認知症によって介護が必要となったときに給付されるという保障内容で、介護に視点が当てられたものです。そうではなく、本人の視点で考えると、認知症の人が生活するうえでの困りごとを前提にした保険をつくってほしいのです。認知症を起こす疾患を診断された時点から治療が必要な状況となり、通院は一生続けなければなりません。生活が変わり、収入も減ります。がん保険のように診断された時点で支払われるタイプのもの、当面の生活費を保障したり、治療費や通院費をフォローするような保険があればよいと思います。

Ⅲ．外出

facebook

2016年1月18日

●佐藤雅彦さんの工夫です。

確かに、がんばれば立っていられますが、調子悪い時には私もクラクラとして座りたいと思います。脳の血流が低下しているからかもしれません。

皆さんよろしくお願いします。

【ヘルプカードの投稿をシェアして】

２０１６年１月18日

●みなさんおはようございます。
シェアしていただければ感謝です。

こんなカードを見たら席をお譲りください。

――佐藤雅彦さんのフェイスブックから

２０１６年８月４日

●障害がある方が外に出ていく時には、何らかの不安や工夫を重ねていると思います。認知症の人達もです。
迎える側の社会が私たちにできる事は？と考え当事者に聞きながら楽しく工夫を重ねていく。

それが当たり前になっていくと良いなぁ。

きっと自然と輪が広がり社会が変わっていく。

目に見えない障害だと理解されにくい、本人も遠慮しがちで自分でなんとかするかあきらめる。

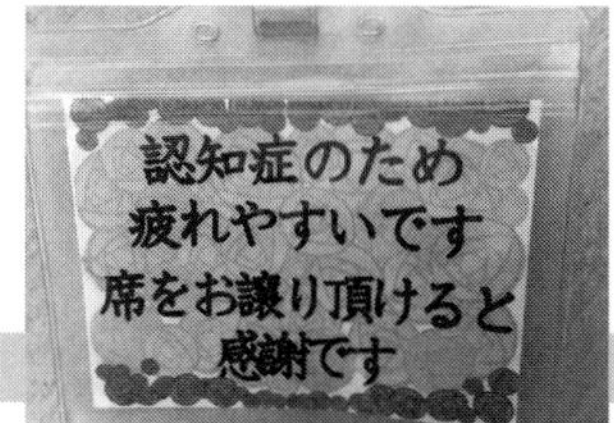

写真提供：佐藤雅彦さん

そういう事もあります。
言えないのは言えないから悪いのではないと思います。
言えば何かが変わる、良い方に…そう思える、受けとめてもらえる経験を重ねていきたい。
それが自信にもつながる。

認知症になってからも生活は続いていきます。そして、暮らしを続けていくうえでは、生活の拠点から外に出て何かをする、目的をもって外に出ていくことはあたり前のことです。ですから、外出で利用する交通手段や一緒に行ってくれる人の確保など、認知症の人でも出掛けやすい社会を考えなければいけないと思います。そのためにも、さまざまな人たちと意見交換を重ねていくことは大切です。

外に出ていくことのメリットは、とても大きいものがあります。外出することへの不安と負担に思う気持ちもありますが、それよりもメリットのほうに目を向けたいと思います。

必要性があって出掛けるのであり、一人でも出ていかなければいけないこともあります。そのために、ヘルプカードを自分でつくって持っている認知症の本人もいます。常に誰かが付き添うという状況はつくり出せませんから、一人で出掛けて外出先で困ったときにはヘルプカードを使うなどして、それぞれが工夫をして対処しています。

皆さんに考えてほしいことは、認知症の本人がふと不安になったり混乱したりしたときに、助けを求められる場所や人があちこちに点在している環境づくりについてです。認知症の人だけではなく、あくせくした忙しい社会の中で不安を感じたときにヘルプしてくれる場所や人の存在があると、誰もがほっとするでしょう。たぶんこれまで見過ごされてきた部分に、解決すべき問題点がいろいろあると思います。これからは認知症の本人と皆さんで一緒に、認知症の人が安心して外出しやすい社会を考え、つくっていきたいです。

また、認知症の人には精神障害者保健福祉手帳が交付されていますが、そのメリットが少ないと聞きます。本人としては、誤解を招くようなレッテルを貼られたように感じてしまうのです。認知症の人が持っていて安心でき、実際に役に立つような、認知症の人のための手帳を考えていきたいと思っています。

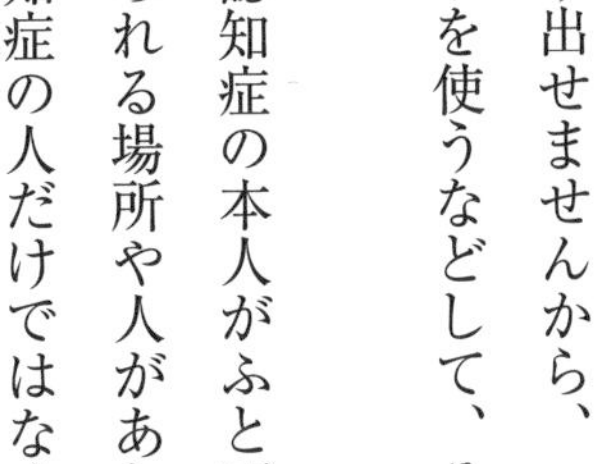

写真提供：佐藤雅彦さん

facebook

● **2016年9月8日**
〝Driving and Dementia：My experience〟by James Mckillop MBE（「運転と認知症について：私の経験」ジェームス・マキロップ）をシェア。

認知症の人の運転についての記事をシェアしたものです。

認知症と診断されたら運転をしてはいけないと考えられていますが、認知症の人たちの病状はさまざまで、すべての認知症の人は運転ができないと決め付けてしまうのは間違いではないかと思います。

海外では、軽度の認知症の人たちが医師の的確な診断によって、運転ができる状況であるかどうかを踏まえて免許の更新をし、運転が続けられるところもあるそうです。年を取れば反射機能・運動機能は衰えていきます。老化によって起きる認知機能の低下の有無と認知症を起こす疾患をもつということが混同して考えられているのではないでしょうか。認知症を起こす原因は医学的に解明されつつあり、病状も人によりさまざまだとわかってきている中で、認知症だからすべてできないと決め付けるのはおかしいと思います。病状としてどうなのか、病気の特性としてどこに気を付けなければいけないのかを理解したうえで決まりをつくっていくのがよいと思います。

例えば、何らかの認知症を引き起こす疾患があるとわかった人には免許の更新期間を短くして、更新の際に検診を受けてもらうのも一案です。認知機能の検査を受けて脳の状態を把握することは、免許を返納する根拠にも、運転を続ける根拠にもなります。車社会が始まってから50年以上が経ち、当初から運転していた人たちが高齢者となっているのが今の時代です。免許を持っている人たちがどんどん歳を重ねていく中で、認知症の人たちも増えていきます。50年前は高齢になってから運転をどうするかなどとは考えていなかったはずです。ですから、高齢者の運転の問題も認知症の人の運転の問題も、これから取り組むべき課題です。認知症の人の運転に関しては、認知症の本人も参加しながら丁寧に検証して、良い法律をつくってもらいたいと思います。さらには、車の安全運転支援システムや自動運転システムなどの技術開発、自ら運転しなくなったあとも移動手段に困らないようなまちづくりにも力を入れてほしいです。

V．教育

facebook

2016年6月26日

●楽しそうだ、暗くない。認知症になってからの希望ある社会をともに考えられそう。

【青山学院でのキックオフ「社会的課題としての認知症〜学生のみんなの取り組みに向けて〜」をシェアして】

大学生たちが認知症について考えるという記事についてのコメントです。

私がアルツハイマー病と診断されたのは子どもが思春期のころで、子どもたちに関わり続けることは、母親として継続してしなくてはいけないことの一つでした。自分自身がアルツハイマー病になったからといって、子どもたちに関われなくなるというわけではありませんし、子どもたちにとっても私がお母さんであることには変わりがないのです。私は母親としての役割は果たそうと思いますし、子どもたちも私に頼ろうとします。しかし、子どもたちが「お母さんがボケてしまった」という理解でいると、親子関係はうまくいかないと思います。

子どもたちの生活の場でもある学校で、先生たちが認知症について一緒に考えることが当たり前になって、「認知症の親をもつ子どもたち」も存在していることへの理解を深めていくと、子どもたちも誰かに助けを求めたり相談したりしやすくなるのではないかと思います。

私の三女が高校受験を控えていたころ、頻繁に進学説明会が開かれ学校に行く機会が多くありました。広い体育館でたくさんの保護者の中にいて、周囲の会話を聞きながら資料の文章と書かれている数字をその場で瞬時に処理することが難しく、冷汗が出て逃げ出したくなりました。何でもないような顔をしてほかの保護者たちと話をしながら何かをすることがあまりにもつらくて、担任の先生に病気のことを話し、つらい状況であることを伝えました。すると先生は、これから何をしなければいけないか、娘の受験に必要なことは何かを順番に大きな字で書き出して個別訪問をして、流れを説明してくださったのです。おかげで頭が整理できて、親子ともども助かりました。私の訴えを聞いて、自分にできることを考えてくださった先生にとても感謝しました。

さらに、私のような親をもつ子どもたちが自分のクラスにいるときにどのようにフォローしたかという経験を、ほかの先生たちにも伝えていってもらい、先生方で一緒に考えることをしていただくと、教育の現場でも認知症の人たちに対する理解が深まってくると思います。先生方が情報を分かち合い、事例が積み重なってくれば、認知症の親をもつ子どもたちを学校がどう支えていったらよいのか、議論が膨らんでくると思います。認知症の人とともに考える取り組みが教育現場で始まると、社会全体も変わる可能性が高まると思います。

若くして認知症になった人の中には、まだ幼いお子さんをもつ方もおられます。認知症の本人は、子どもたちにどう関われるか、自分のことが子どもにどう影響するか、将来子どもたちが新しい人生を歩み始めるまで自分に何ができるのかなど、とても悩みます。昔は認知症になったことを隠しておかなければいけない、人に言ってはいけない、話題にできないということが当たり前でした。でも、認知症の本人がより良い人生を送るためにも、また、支える周りの人たちのためにも、子どもたちも含め隠さずに伝えていくことは必要だと思います。本人と身内だけの問題ではなく、周囲の人が一緒に支え合えるようになってほしいです。子どもが、先生に相談しても大丈夫、学校の友だちに話しても大丈夫、皆が自分や親のことを尊重してくれる、軽んじない、そう思える社会をつくっていかなければいけないと思います。

子どもたちが小さいときから、認知症になっても周りの人に支えられながら生活ができることを知ることは有意義だと思います。その子どもたちだって、将来、認知症になるかもしれないのですから。

Ⅵ．予防

facebook

２０１６年10月１日

●認知症になりたくないから、ならないための方法を考えたり、広めたりすることに力を入れる。

facebook

本当にそれで良いのかな?

誰もがなりうると考えるなら、認知症になってもできるだけこれまでのように生活できる方法を考える、広める方がいいはず。

それを実践している当事者とともに考える事が増えると良いなぁ。


認知症になってからも、記憶力を鍛えたり、楽しいことを計画して実行する事は可能です。一緒に楽しんでできる仲間がたくさんいればいるほど、その可能性は無限です。

5年前、1年前、3ヵ月前と比べれば、私も生活の質が落ちていると思います。

でも、それでもいいのです。仕方ないですから。

本人が諦めずに頑張れるように支えてくれる人、認知症の症状に翻弄されている私達を理解しながらともにいてくれる人がいると実感できるなら、幸せです。


多くの人たちが認知症予防に関心をもっているのを感じます。でも、認知症にならないことをあれこれ追求しても、あまり意味がないと思うのです。

予防に効果がありそうな食べ物や健康法などいろいろなことが出回っているけれど、それらはたぶん認知症に限らず人間の身体全般にとって良いことです。身体に良いことは脳にも良いという感覚で取り入れるのは良いと思いますが、それを実践したから認知症にならないという確証は実際にはないといわれています。

認知症にならないための予防ではなく、「なってもいい。でも少しでも進行を遅らせよう。そのためにはどうしよう」と、進行を抑制するという考え方のほうが良いのではないかと思います。それには、これまでどおりの生活を送れるように考えることです。本人も努力しますが、周りの人たちも、なるべく本人に負荷がかからないように支えながら、認知症の本人が孤立しないようにしてほしいです。これまでどおりの生活を送るためにどうしたらいいかを一緒に考えてもらえると、本人の気持ちが穏やかになり、病状も安定するように思います。認知症になることはちっとも恥ずかしいことではないし、おしまいではありません。認知症になってからも人生は続いていきます。

認知症の人が社会の一員として存在できるような社会をともに創り出していくことが必要だと考えていただきたいです。

第4章

本人である私たちに今できること

1. 本人から発信し続けていくこと

私が活動を始めた出発点は、自分が「認知症の人」という立場に置かれるようになって、それまで社会でもたれていた認知症観が間違っていたことに気が付いたことです。社会には「認知症」や「認知症の人」に対する誤解や偏見があり、そこから認知症の人への社会的排除が生まれるのではないかと思ったのです。そのことは認知症の初期発見、治療、より良い対応を妨げる要因ともなっていると感じたのです。

それまで私は人権問題に取り組んできて、世の中には社会にある壁を感じているさまざまな人たちが存在していることを学びました。そして、それを感じている当事者からの発信がないと、そこに〝壁＝差別や偏見〟があることに気付いてもらえないことも学びました。認知症になってからも誰もが社会の中で自分らしく生きていけるようにするためには、自分自身が当事者として発信を始めないといけない、それが私にできる人権活動だと思ったのです。ただ、個人で発信しているだけでは当事者の声はかき消されてしまいます。そこで、それまで人権問題に一緒に取り組んできた仲間を中心に、当時あまり考えられていなかった若年層の認知症の問題に取り組んでいこうと、「若年性認知症問題にとりくむ会・クローバー」を立ち上げました。そしてそれからは、組織として広く活動展開ができるようになりました。

少しずつ地道に活動していくうちに、講演の依頼も増え各地に出掛ける機会を得ることができました。それは認知症の当事者や、本人視点で取り組んでいこうとする人々との出会いにもなりました。さらに、日本だけにとどまらず海外の認知症の人との出会いにもつながり、海外で先進的に取り組んでいるワーキンググループの活動を知ることになりました。そこで、日本の当事者のみんなと話し合って、日本認知症ワーキンググループ※1を立ち上げるに至ったのです。

各地に点在して頑張っていた「認知症への偏見をなくしたい」「社会を変えたい」という意思がある本人たちが、「みんなで変えていこう」と集まって立ち上げたのが、このワーキンググループです。こうしたことは認知症の人には難しいと考えられていたと思います。しかし、認知症の本人でも、いえ認知症の本人だからこそできることを知ってほしいと思います。本人の発信から始まった取り組みは「本人視点」からずれることはありません。そして、今後認知症の本人となった人たちの中に、「より良い社会の実現のために自分たちも一緒にやりたい」「自分もあとに続こう」と思ってくれる人が増えることを願っています。
私はクローバーの活動、ワーキンググループの活動を通して、たくさんの力と勇気と希望をもらいました。それをフェイスブックで発信しています。ぜひ読んでください。

＊＊＊＊＊＊＊＊＊＊＊＊＊＊＊＊＊＊＊＊

「日本認知症ワーキンググループ」設立趣意書

【はじめに】

２０１４年10月11日、「日本認知症ワーキンググループ」が発足しました。
認知症の人本人をメンバーとし、認知症の人と社会のために、認知症の人自身が活動していく日本初の独立した組織です。
海外で先駆的な活動を進めている各国の「認知症ワーキンググループ」と連携し、国内の認知症関連の諸団体と友好的な関係を築きながら活動します。

【目　的】

認知症になってから希望と尊厳をもって暮らし続けることができ、よりよく生きていける社会を創りだしていくこと。

（認知症の人本人の声を集め、話しあい、目的の実現に向けた活動を展開します。）

【設立の背景】

認知症あるいはその予備群とされる人が８００万人を越え、認知症は国民全体にとっての重要な課題です。国は、２０１２年に「今後の認知症施策の方向性について」を掲げ、２０１３年に「認知症施策推進５か年計画（オレンジプラン）」を策定し、認知症施策が積極的に推進されるようになりました。これからは国施策の基本目標に明示されているように、「認知症になっても本人の意思が尊重される」ことが求められる時代です。

一方現実は、「認知症になったら何もわからない」「何も出来ない」という偏見が今なお岩盤のように残っており、認知症問題とは、「認知症の人が引き起こす問題に周囲が対処しなければならない問題」として意識されがちです。そのため、「医療や介護を行う人たちによる対策」は進みましたが、認知症になった人一人ひとりや家族が「希望をもってよりよく生きる」ための支援体制が十分整ったとはいえない現状があります。とりわけ、早期診断の広がりによって、自分が認知症であることを認識できる「初期」で診断される人が増えているものの、診断前後から介護保険サービスの対象とされるまでの支援は未整備であり、絶望に陥る人があとを絶ちません。この「空白の期間」の解消は、これから認知症になる可能性のあるすべての人にとって深刻かつ切実な問題です。

今後、認知症の人の数が増え続けることが予想される中、私たちが望むのは、認知症になった本人も、その周囲の人たちも、希望をもって暮らせるようになることです。そういう社会を実際に築いていくためには、認知症を現に体験している本人だからこそ気づけたこと、試行錯誤したことをもとに、よりよく生きていくための医療やケア、社会のあり方を、認知症の本人自身が提案していくことが必要不可欠です。そして、前向きに生きる姿を示すこと自体が、偏見をなくしていく力になると信じます。

自らのこと、そしてこれからの社会のことを真剣に考え、声をあげられる認知症の本人がいます。

一人ひとりの声は小さくとも、認知症の人本人が集まり、声を結集して行く中で、社会をよりよく変えていくための建設的な提案をしていきたいと願って、このワーキンググループが立ち上がりました。

声を上げたくてもあげられないでいる全国の多数の当事者の代弁をしていきたいと思います。


【ワーキンググループで果たしていきたいこと=ミッション】

○全国、各地域の認知症の本人の声を代弁
○認知症の本人に関係する政策・施策への提案とフォロー（モニタリング）
○社会の認識を変えていく（偏見・差別の解消）
○認知症の本人の生きる希望や力を高める
○認知症の本人がその後をよりよく暮らしていくための早期診断、良質な診断後支援のありかたの提案・全国すべての地域での普及
○認知症の本人が、発症後の人生を自分らしく、よりよく暮らしていくための良き理解者・支援者となる医療・介護をはじめとした様々な専門職、地域住民、あらゆる分野の人たちを増やす

【活動内容】
・ワーキンググループのメンバーを全国から募る
・全国の認知症の本人の意見を集める、話し合う、提案をまとめる
・厚生労働大臣等に提案を提出する
・「認知症の人基本法」の提案をする

・国や地方自治体の施策等の企画・立案過程の場に参画する、経過を確認する
・認知症の本人に役立つ情報提供を行う
（認知症の本人に役立つパンフレット、ヘルプカードをつくる等）
・医療、介護、福祉、法律、労働、教育関係者等への働きかけをする
・企業への働きかけをする
・海外の認知症の当事者とつながり、情報や意見交換を行い、ともに活動する
・以上の活動について、広く国内に広報をする

【活動で大切にしていきたいこと】

・病名や状態、年齢、地域等で分け隔てすることなく、認知症の一人ひとりを大切にする
・誰でも意見を出せる、お互いの声に耳を傾ける
・批判するだけではなく、前に進む提案をする
・対立ではなく、ともに歩む仲間を増やす
・無理なく、それぞれがやれることをする
・楽しく、ユーモアをもって活動する
・あきらめず、行動しつづける（提案が、住み慣れた地域で実現するまで）
・希望をもち続ける

【ワーキンググループメンバー】

資格：日本で生活し、認知症の診断を受けた人。あるいは同等の状態にある人。

条件：ワーキンググループの目的に賛同し、他の認知症の本人と意見交換したいと思っていること。

【ワーキンググループの運営】

・ワーキンググループは次のパートナーと賛同者の協力を得て運営します。

■パートナー

ワーキンググループの目的およびミッションに賛同し、その実現にむけてメンバーと実際に活動をともにする人たちです。

■賛同者

ワーキンググループの目的およびミッションに賛同しその実現にむけてメンバーおよびパートナーが活動を遂行していくことの理解や支援・協力をしてくれる人たちです。

・メンバーの合議によって運営を進めます。パートナーはそれをサポートします。

・ワーキンググループの運営や活動の中心となって推進し、代表となるものとして、メンバーおよびパートナーの互選により、複数名の共同代表をメンバーの中から選びます。

・共同代表の任期は1年（再選も可）とします。

【ワーキンググループの英語表記】

本グループと同様の目的・ミッションですでに活動を進めている海外の組織と友好関係を築き協働していくために、海外での名称

「Dementia Working Group」に合わせて、

「Japan Dementia Working Group」（略称JDWG）

とします。

＊なお、Dementiaという用語について、より適切な表現のあり方について今後、継続して話しあいをしていきます。

【「認知症当事者の会」のフェイスブックページより】

＊＊＊＊＊＊＊＊＊＊＊＊＊＊＊＊＊＊＊＊＊

book

2014年10月23日

●日本認知症ワーキンググループ第一歩踏み出しました！

face

たくさんの認知症の人達と出会いたい♪

皆で作っていきましょう。

腰の痛みもふっ飛んだ？　空港で飛行機待ちです。

2014年10月24日
●日経新聞、朝日新聞で大きく取り上げていただきました。
責任の重さを痛感しております。

皆様のご支援と、ご指導ご鞭撻をよろしくお願いいたします。

2014年10月26日
●日本認知症ワーキンググループのことを知った友人達から、「自分達も力をもらえる、私も頑張らないと！」という言葉をいただきました。
認知症の人達の前向きな姿を見せるということは、認知症の人だけではなく、いろいろな人達をも力付けるのだと嬉しく思いました。

認知症になっても人生おしまいではない。自分らしく生きられる。

それを可能にするのは、認知症になる原因の早期発見、治療ができる社会体制作り、そして、認知症とともに生きることになった人を支える人を増やす事、認知症の人に必要な制度の再構築等々…。

それらを整えることを放置していては、認知症になっても希望と尊厳をもって生きられる社会！の実現は、唱えるだけの理想論になってしまう。

認知症ワーキンググループで話し合うことはたくさんあるなぁ…。

2014年11月6日

●日本認知症ワーキンググループも世界と繋がりはじめる予感♪

2014年11月6日

●飛行機から少しだけ夕陽が！空港に着いたら綺麗な月夜♪ホッとします。

本人達は、動かされているのではないです。動いているのです。

それをどう捉えるかは、それぞれの置かれた立場により違うのかもしれないです。

私達の事を私達抜きに決めないで、は、世界の認知症の人の願いです。

発信する認知症の人と、そのパートナーが増えていくのは、悪いことではないです。

2014年11月11日

●提案してきました！

【「ワーキンググループが塩崎厚労大臣と面会」の投稿をシェアして】

2014年12月6日

●東京に向かう飛行機の中で見えた富士山。長い１日の終わりに、厚生労働省の前で見えた月。左のは街灯。
皆さんお疲れさまでした。少しずつ進めていきましょう♫

●２０１５年５月24日
ワーキンググループ、これからも少しずつ前進！
認知症になっても希望と尊厳をもって生きよう。そんな社会に変えていきましょう(^^)v

●２０１５年７月21日
認知症キャンペーンミニ番組に出演しました(^_^)v

●２０１５年９月１日
認知症本人の声から、本当に必要なことがわかってくる。偏見に満ちた社会が変わっていく。

声が届くよう、近くで支えておられる皆さん、情報提供とサポートをお願いいたします！

2015年11月13日

●行ってきます(*^_^*)

ジェームズさんとお話しできるのが楽しみです。

【スコットランド認知症ワーキンググループのジェームズ・マキロップ、モーリン夫妻が来日、「NHKハートフォーラム『当事者が拓く新時代』～先進地スコットランドからの提言～」に登壇のために東京へ】

2015年11月24日

●日本のワーキンググループも、認知症になっても希望と尊厳をもって生きられる社会をつくり出す当事者団体として、一歩ずつ進みましょう(*^^)v

2015年12月21日

●先日、神戸に行った時、立ち上げ準備中と聞いていたのですが、兵庫でも、当事者団体が活動開始されるのですね！

鳥取の「若年性認知症問題にとりくむ会・クローバー」も刺激を受けて頑張りたいです(^_^)v

2016年2月23日

●ラン伴※2。

世界に発信！

鳥取でもいつか実現したい…。

２０１６年２月29日

●ワーキンググループの皆の提案です(*^_^*)

認知症の本人からの提案　提案２０１６

どこで暮らしていても、尊厳と希望をもってよりよく暮らしていけるために

日本認知症ワーキンググループ（ＪＤＷＧ）

１．本人同士が集まり、支え合いながら前向きに生きていくための拠点となる場を、すべての市区町村で一緒に作っていきましょう。何かを提供される受け身ではなく、わたしたちが主体的に活動できる場であることが大切です。

○医療や支援を受けていたとしても、仲間と出会え、気兼ねなく語り合える場、支え合いながら自由に活動できる場がないために、一人で悩み孤独に陥って状態を悪くし、必要以上の医療や介護サービスを受けざるを得ない人がたくさんいます。

○私たちは、認知症という周囲には理解してもらいにくい状態の中で生きている仲間に早く出会い、体験や知恵を分かち合いながら、希望をもって生きていきたいです。

○私たちには、自信を取り戻す場が必要です。自信を取り戻すことで、「自分」を取り戻し、自分なりの人生をよりよく生きていくことができるようになります。

○一日も早く、すべての市区町村で、私たちが集まり主体的に活動していくための拠点となる場が必要です。すでにそうした場があるなら、その活動が継続できるバックアップをして下さい。

○そうした場に早くつながれば、支援を受ける立場としてではなく、主体的に活動することができる人が増えていきます。場をつくるだけでなく、本人が診断後速やかに、それらの場につながることができる流れ（しくみ）を、市区町村として整えて下さい。

2．私たちが外出することを過剰に危険視して監視や制止をしないで下さい。「安心して外出を楽しみ、無事に帰ってこられること」「地域の中で自分のやりたいことを続けること」を、すべての人があたりまえの行為として考え、ごく自然な見守りや支えができる地域社会を、一緒に作っていきましょう。

○私たち一人ひとりは、自分なりの理由や目的があって外に出かけます。見守りや声かけなどちょっとした支えがあることで、外出を楽しみ、地域とつながり、充実した生活を送れている人も増えてきています。働き続けている人もいます。

○「認知症だと外出は危険」という一律の考え方や、過剰な監視や制止は、私たちが生きる力や意欲を著しく蝕みます。それらはまた、認知症の人への社会全体の偏見を強め、これから老いを生きていく多くの人たちが、尊厳と希望をもって生きていけなくなります。

○「安心して外出を楽しみ、無事に帰ってこられること」「自分のやりたいことを続けること」を、暮らしの中の「あたりまえ」と考える人たちを一緒に増やしていきましょう。

○どんな見守りや支えがあったらいいか、その町や地域で暮らす本人や家族の具体的な声をよく聴いて下さい。それらをもとに、一人ひとりにあった見守りや必要な支えについて、一緒に話し合っていきましょう。

○私たちも、外出時は自ら「ヘルプカード」を持参するなど、自分なりにできることに取り組んでいきます。どこに住んでいても安心・安全に外出できる地域となるための具体的な取り組みを、本人と家族、そして地域の様々な人たちが力を合わせて進めていきましょう。

3．本人自身が安心・納得できる診断と治療が受けられ、診断直後に「今後の自分の暮らし」について親身になって相談にのってくれる人に私たちは出会いたいです。初期の段階で本人がその後をよりよく生きていくために必要な医療や相談に確実につながる流れ（仕組み）を、すべての市区町村で一緒に作っていきましょう。

○早期診断・治療が推進されるようになりましたが、暮らしている身近な地域で、本人が安心して受診ができ、わかりやすい（やさしい）説明を受けながら納得して治療を受けられるようにはまだまだなっていません。

○専門医療機関はもちろん、地域にあるすべての医療機関が、本人や家族にわかりやすく（やさしく）適切な対応をできるようになるような取組みを拡充してください。

○医療機関を受診し診断を受けたものの、その後をどのように暮らしていってていいのか、自分のその後の暮らし方について具体的に相談できる人につないでもらえなかった人がほとんどです。

○そのため、まだまだ力のある初期の時期に、絶望してひきこもったり、よりよく暮らしていくための諸制度やその地域にある支援を知らないまま、生活や心身の具合が一気に悪くなってしまった体験をしている人がたくさんいます。

○私たちには、診断・治療も必要ですが、それと同時に親身になって話を聴いてくれ、話し合いながら一人ひとりにあった制度や支援をつないでくれる存在が不可欠です。

○特に初期の頃に、どのような医療や相談があったらいいのか、本人たちの声をよく聴いて下さい。本人たちが希望を失わず、その後をよりよく暮らしていけるために必要な医療や相談に確実につながれるよう、それぞれの市区町村なりの流れ（しくみ）を、丁寧に作って下さい。

4.「制度やサービスがない」でおしまいにしたり、たらいまわしにせず、どうしたらよりよく暮らせるかを、まずは一緒に考えて下さい。私たちをひとくくりにせず、一人ひとりの思いと力を活かしながら、よりよく暮らしていくためにお互いができることを見つけ、一緒に進んでいきましょう。

○「なんでもお気軽に相談を」とうたっている行政や地域包括支援センター等の相談窓口が増えてきています。それをようやく探しあて相談に行ったとき、「利用できる制度やサービスはない」、「別のところに相談にいって」と言われてしまった人が多くいます（特に初期や年齢が若い場合）。

○あるいは、介護保険サービスの一覧をいきなり渡されて、まだ必要もない介護サービスの紹介だけをされておしまいとされた人も多くいます。

○そうした対応をされることで、私たちや家族は更に戸惑い、途方に暮れてしまいます。前向きに暮らしていけなくなると同時に、今日明日の暮らしに実際に困り果ててしまいます。

○認知症があっても、一人ひとりが違います。認知症の本人をひとくくりにしないで下さい。一人ひとりの困りごと、そして、できること、やりたいこと、望むことが同じではないことを、市区町村の相談にあたる人や支援の関係者、地域の人に、しっかりと浸透を図って下さい。

○私たちが相談にいくのは、藁をもすがる思いです。「どうしたら私や家族が、自分たちの力を大切に活かしながら、少しでもよりよく暮らせるか」をどうか一人ひとりと一緒に考え、一緒に動いて下さい。

5．すべての自治体の認知症の施策や取組みを企画する過程で、私たちの声や力を活かして下さい。私たちと一緒に進めていきましょう。
○最近、認知症ケアパスや認知症カフェ等を作る過程で、本人が委員として参加し、本人が意見をのべ、それを具体的に制度やしくみに反映させる自治体が出始め、わたしたちにとって大きな希望です。
○すべての自治体で、出来上がってからではなく、作りだす過程でこそ、本人の声や力を活かして下さい。認知症と共に生きているわたしたちの声や力を活かして、当事者に実際に役に立つ効果的な施策や取組みを、一緒に作っていきましょう。

2016年3月3日
●沖縄の当事者仲間です。
私も同じように悩みましたが、うちの場合は子どもたちも初めから私をあと押ししてくれました。

認知症の人、認知症への誤解と偏見を無くしたい。

介護とは違う認知症の人の支え方がある。

認知症になってから生きにくい社会を変えたい。

そんな思いで8年くらい前から少しずつ発信を始めました。

当時は同じように思う仲間にも会えませんでした。

今は違う！

少しずつですが当事者発信が増え、認知症の人とともに創る社会を目指す人にも出会えるようになりました。

これからだと思います(*^^)v

私の前を歩いてきた当事者の人達にも感謝です。

クリスティーンさん※3も後に続く人がいなくてはと言われたと思います。

道を無くなさないように、広げて行くように頑張りましょうね！

２０１６年３月19日

●鳥取での日本認知症ワーキンググループミーティング、交流会、楽しく有意義に終わりました。
明日はシンポジウム。
当日参加も大丈夫です。
鳥取市民会館まで皆さんおいでくださいね(^_^)
今日は疲れました。
おやすみなさい
【２０１６年3月19日・20日に、鳥取市でシンポジウムを開催】

2016年3月20日

●日本認知症ワーキンググループミーティング、今日のシンポジウム、無事終わりました。

皆さんお疲れ様でした。そして、ありがとうございます！

無事帰宅されたかなぁ。私達一人一人の行動が認知症になってからも希望と尊厳をもって生きられる社会となっていくのだと思います。

小さな事からでも皆で協力しあい、支え合いながら、これからも発信続けていきましょうね(*^^)v

皆様これからもどうぞよろしくお願いいたします(*^_^*)

2016年6月3日

●明治神宮にて

ワーキンググループの活動のため、しばらく東京で過ごします。スコットランドで、ジェームス・マキロップさんと一緒に認知症ワーキンググループを立ち上げられたパートナーの、ヘザーさんとの話し合いがありました(^^)

２０１６年10月29日

●明日の、日本認知症ワーキンググループの第２回総会に出席のため東京へ。

今日は孫も一緒。

２０１６年10月30日

●ワーキンググループの総会を終えてこれから帰ります。

認知症になっても希望と尊厳をもって生きることのできる社会づくりの為の課題はたくさんあります。

少しずつ皆さんとともに考え、つくり出していきたいと改めて思いました。

まささんと私が共同代表を継続することになりました。皆さんよろしくお願いします(^^)。

スコットランドのアルツハイマー病協会オリジナルマフラーを頂いたの

で、さっそく使いました。ステキなマフラーです！

※1　日本認知症ワーキンググループ（２０１７年9月29日より一般社団法人 日本認知症本人ワーキンググループ）　ホームページ：www.jdwg.org
※2　ラン伴……認知症になっても安心して暮らせる地域づくりを目指して、認知症の人もそうでない人も、みんなでタスキをつないで、日本を縦断するプロジェクト。
※3　クリスティーン……クリスティーン・ブライデン。30ページ参照。

2 社会とつながり、よりよく生きるための発信へ

私は、さまざまな方法で自分が考えていることを外に向かって発信していますが、私一人では不可能なこともたくさんあります。認知症の人は、発信したいと思うことがあっても、その気持ちを外に出すことがとてもしんどくて実現が難しいことがあるのです。発信

するためには、本人のわかってほしいという思いや外に向かって出していきたいという気持ちをキャッチしてくれる人、一緒にやろうよと言ってあと押しをしてくれる人たちが周りにたくさんいることが必要です。周りの人たちの「認知症の本人であるその人自身をどう捉え、どう引き上げるか」ということが、本人の「発信したいという意思」と同じくらい重要なのです。

車に例えると、ガソリンに当たるのが周りの人たちの力添えです。そこからもらうパワーがあって初めて、私たち本人がエンジンをかけられるのです。キーの回し方がわからなくなったら、「キーをこうやって回すんだよ」と言ってくれる人が必要なのです。本人と周りの人の両方がうまくかみ合っていないと、お互いの気持ちがすれ違ったり、ぶつかり合ったりして、本人の行きたい方向に行けなくなってしまいます。そうなると、認知症の本人としては「もうできない」という気持ちになります。

一生懸命に動くためにエネルギーが必要なのと同じように、周りの理解ある人たちの存在や声掛け、手助けがないと、元気なときのようにはできないのです。周りに良き理解者が複数いて、私たちが発信していけるように支え続けてくれると、発想が広がっていって私たちに新しい経験値が積み重なっていきます。パートナーとは、このように私たちが社会とつながり続けるために欠かすことができない大切な人たちです。

facebook

●2014年10月17日

認知症の人のよき支援者とは、認知症とともに生きている人の人格をよく理解し、その人生の伴走者になってくれる人だと思う。

長い人生のよき支援者は多い方がいいです。まずは、認知症であることを隠すのをやめて行動を起こすことでたくさんの人と巡りあえる。もちろん、認知症になるまでに巡り会えた人も含め、その中の何人かは人生の伴走者になってもらえる。そう思います。

生活の不便さを支援しようという考え方は浸透してきていると思いますが、その人がこれからどう生きよう？　どう生きたい？　そういうサポートのことは考えられていない。悪くなっていって、施設に入って終わる…。認知症になったらそういう生涯だと決められているのか！

●2014年11月6日

パートナーという言葉を、その意味も含め広めたいです。ワーキンググループは、社会に認知症への新しい視点をもってもらえるような活動にしたいですね。

認知症になっても希望と尊厳をもって暮らせるように！

●２０１５年10月13日
ほんの少しの手助け、ほんの少しの声かけでもありがたい。

何気なくしているようでもとても気を張って生活している。

誰かと行動することで気を張らなくてすむ。

●２０１６年５月27日
人というのは、一人だけでは頑張り続けることはできません。

社会の中に様々な人々がいるのだという事を前提に考え、つくっていくことが、必要と思います。

その当事者とともに。


何気ない日常の中で、時々私たちに声を掛けてください。気に掛けてくれていても、それが伝わってこないと、誰を頼っていいのかが不明瞭になってしまいます。アルツハイマー病になってからの私は、こうした感覚が強くなったように思います。日ごろから交流があり、存在が目に見える人だと、頼っても大丈夫だと思えます。

これは、私たちが目指しているような社会に向けての大きな発信についてだけではなく、生活の中で身近な人に向けて身近なことを伝えていく小さな発信にも同じことがいえます。本人にとって大切な小さなコミュニティの中で発信できることが大事で、そのような機会を日常的にもつことができたら嬉しいです。私たちは、言いたいことがこんがらがって、ぐちゃぐちゃになってしまいがちですが、しゃべっているうちに自分で整理できたり、うまく話せなくても相手の人が整理してくれたりしてスッキリすることも多いのです。

自分で納得したり、自分の気持ちを整理できたり、考えていることを外に出したりすることは、認知症の人自身にとっても、また、認知症の人が暮らしやすい社会づくりを考えるうえでもとても重要だと思います。

認知症の人はしゃべれない、何もわかっていない、という扱いをされたり、認知症の人が何か言ってもとりあえず聞くというだけにとどまり、本人の言葉の奥にあるものを汲み取ってもらえない時代もありました。でも、認知症の人はいろいろなことを感じ、考えながら暮らしているのです。心の中でいろんなことを考えていますが、それを自分の中にため込んでしまいがちなのだと思います。ドアをたたいてそれを引き出してくれる人やきっかけ、場所があれば、だめだと思って暗くなっていた気持ちが明るくなって、発信することができます。

みんなが、まだ消えてない認知症の人の心の中にある灯りを消さないようにしようと思ってくださると嬉しいです。

facebook

２０１６年９月10日

●その意味と意義を理解する人がパートナーとして存在しなければ意味のないものになる可能性もある。慎重に、ていねいに進めてほしい。

【「認知症『本人ミーティング』」、厚労省が計画」という記事をシェアして】

認知症の人の生活を送るにあたってのパートナーとなる人と、社会活動を送る時のパートナーになる人…、良き理解者、共に考え行動できる人…、いろいろなかたちで本人を支える人が必要です。

本人になり代わり意見を言うのではなく、本人の言いたい事を引き出せる人が必要となります。パートナーは普段からその人を知ろうと関わりを持ち続ける事で、つくられていくのかもしれません。

私達本人が考えるパートナーの役割とは、私達の経験、体験から学んだ様々な提案、考えたことを活かすために、私たちをどこに繋げていったらよいかを考え、ともに行動してくださる人です。

行政なのか、企業なのか、介護の現場なのか、医療の現場なのか、様々です。

家庭生活を送るという身近な人にそれを全部求めては、負担もかかるし、得意不得意もある。

何十年と認知症の人のそれまで培ってきた経験を活かして提案が出せなかったのは、そのようなパートナーの必要性の理解が進んでいなかったからと思います。

皆さんよろしくお願いします！

第 5 章

認知症になってもだいじょうぶな社会に向けて

～私たち抜きに私たちのことを決めないで～

長い間、「認知症になると何も考えられない、できることはない、周りの人を困らせる」と認識されてきました。ですから、認知症の人の気持ちを聞くことをせず、本人抜きで周りの人たちだけで本人のことを決めていくのが当然と考えられてきました。

でも、自分がアルツハイマー病になって気付いたことは、自分の中の考えを外に出すことが難しくなっただけで、考えることはそれまでと同じようにできる、ということでした。私は、アルツハイマー病であってもこれまでと変わらない一人の人として存在しているのに、世間で認識されている「認知症」のレッテルを貼られていくことに悲しさを感じました。私は自分が感じていることと周囲の認識の差を感じ、「認知症の人への偏見が自分らしく生きることを妨げている」と考えるようになり、声を上げることにしました。

認知症の人が自ら声をあげるようになったのは20年ほど前のことです。それが今は世界中に広まってきています。

「私たち抜きに私たちのことを決めないで」と。

以前は認知症の問題を語るときに、どう介護をするかとか、どう接するのか、どう関わるのかということが論点として出されてきたと思います。しかし、これを考えるときの主語は「認知症の本人」ではありません。「認知症の人を介護する人」です。認知症の本人は介護をされる「対象者」なのです。

介護する人と介護される人という関係の中では、本人自身も「してもらっている」という感覚をもっており、自分が主体性をもって「どうしたいか」を発することにためらいを覚え、認知症の人自身の力はどんどんそがれていきます。

認知症の問題を語るときには、「認知症がある私たち」を主語にすることが大切だと思います。そうすると、「仕事をしたい」「子どもを育てたい」「旅に出たい」など、まず「自分はどうしたい」という思考回路に変わってくると思います。主語を「本人」にすることで、本人自身がどうしたいかを考え、それを実現できるような社会づくりができるのだと思います。

facebook

２０１４年12月12日

●認知症への偏見を持ったままでは本人も周囲の人も、そして、社会全体が不幸せになるのだと思います。正しい理解を広めることができるのは、認知症の人、一人一人なのではと思います。

2015年1月1日

●明けましておめでとうございます。

昨年はたくさんの皆さんに支えられて動いた画期的な年でした。

今年はその動きが根付くように歩みを進めたいと思います。

認知症の人は何もわからない、できない人だからと誤解されています。たとえコミュニケーション能力が失われていこうとも、周りの人達の事を感じながら日々過ごしています。

発信可能な状況にある私たち当事者が特別なのではないです。

私たち本人抜きに私たちの事を考えないで…。それはどのような立場の認知症の人にとっても言える事だと思っています。

皆さんどうか、今年もよろしくお願いいたしますm(__)m

2015年1月30日

●認知症施策を本人視点も取り入れてつくられていくと、認知症の人達が生きやすい社会の実現に近づくと思います。ともにつくっていきましょう!

本人の参画は意味あるものと総理も認めて下さり心強く思いました。

２０１５年1月27日に、首相官邸で認知症施策に関する意見交換がありました。そのときに感じた、「これから社会が変わっていくかもしれない」という期待を込めて、投稿したものです。

当日は安倍晋三内閣総理大臣、塩崎恭久厚生労働大臣が出席され、日本医師会の横倉義武さん、日本介護支援専門員協会の鷲見よしみさん、国立長寿医療研究センターの鳥羽研二さん、認知症の人と家族の会から認知症当事者である丹野智文さん、そして日本認知症ワーキンググループから私が参加しました。

―私が話したこと―

「今回、意見交換にお誘いいただき心より感謝申し上げます。このような場に参加することで、認知症の本人が、多くの関係者の方たちとともに、目指す社会の実現の一助となることを感じています。

私は、昨年11月6日に安倍総理大臣のお言葉を間近でお聞きしました※1。中でも印象に残ったことがふたつあります。

ひとつは、「認知症とともに、よりよく生きることを支援していく」というお言葉です。このことは、認知症に関する社会の見方を変え、多くの認知症の人や家族、これから認知症になる人たちの希望となります。病者から、社会的存在へ。それを示して下さったように感じました。

もうひとつは、「厚生労働省だけでなく、政府一丸となって生活全体を支えるよう取り組む」というお言葉です。学校や銀行、交通機関、公共の場所など普段の暮らしを営むあらゆる場所や機会において認知症の人たちが、よい環境で自分らしく暮らし続ける。そのことを、あらゆる省庁が意識し関わり合うことは、一般社会の中でも、他人ごとではなく自分たちのこととして考えていくきっかけになると期待します。ひいては、「認知症になっても希望と尊厳をもち暮らし続けることができる社会」をつくりだすことに繋がると感じました。

さて、新しい戦略の7つの柱※2を拝見し1から6を貫く揺るぎない軸として、7つめの柱、「認知症の人やその家族の視点の重視」に目が止まりました。この新しい流れをとても嬉しく思います。中でも、「初期段階の認知症の人のニーズ把握と生きがい支援」は空白の期間の解消のための、大きな一歩となります。

空白の期間とは、認知症の初期の段階で暮らしを営み続けるための医療をはじめとしたサポートが未整備なため生活が破たんし、介護保険の対象とされるまでを言います。これは、私のような年代の人も、高齢の人も、女性も男性も、全ての人に言えることです。

私はアルツハイマー病と診断されて8年目を迎えますがこれまで知られていなかった、空白の期間に関する実態調査の実施が急がれると考えます。実施にあたって、私たち認知症の本人の参画が必要となると思いますので積極的に協力していきたいと考えています。

最後に、この総合戦略を具現化していくためにその中身を皆さんと一緒につくり、実践していきたいです。これからがスタートです。皆さん、宜しくお願いします。どうも有難うございました」

【「認知症当事者の会」フェイスブックページより】

＊＊＊＊＊＊＊＊＊

※１　２０１４年11月６日……認知症サミット日本後継イベントの席上でのあいさつ

※2　認知症施策推進総合戦略（新オレンジプラン）の7つの柱

認知症の人が住み慣れた地域の良い環境で自分らしく暮らし続けるために必要としていることに的確に応えていくために柱となるもの

1. 認知症への理解を深めるための普及・啓発の推進
2. 認知症の容態に応じた適時・適切な医療・介護等の提供
3. 若年性認知症施策の強化
4. 認知症の人の介護者への支援
5. 認知症を含む高齢者にやさしい地域づくりの推進
6. 認知症の予防法、診断法、治療法、リハビリテーションモデル、介護モデル等の研究開発及びその成果の普及の推進
7. 認知症の人やその家族の視点の重視

facebook

２０１５年２月１日

●私が講演活動を始めた頃、医療現場では認知症の人は「患者」としても診てもらえてない。認知症の人も患者として診てほしい。そう話していました。

今は世界の認知症の人達が言っているように、「私達は患者ではない、人なのだ」そう伝えていきたいと思います。

医療現場では患者として、症例、症状が重視されその事を発表研究されていきます。それは「診断・治療をいかにするか？」には役立つのだと思います。けれども、そのことばかりに視点をもっていると、いつの間にか目の前にいるのは「患者、症例」になり、「苦しいことを抱えながら生きている人なのだ！」という事を忘れてしまわれるのではないのかと感じる場面に出会いました。

認知症になったら今まで通りにはできない。でも、良き支援者に囲まれると、自らの気力とそれまで生きてきた経験を活かし、知恵と努力、気力をかき集めてがんばって生きていられる人なのです。

その事を忘れないでほしい。

認知症の人が医療への不信感をもつことはよくあります。医療の現場に限らず、認知症の人だとわかったら、なぜか本人には話し掛けずに家族にだけ聞くという状況がありました。私もそれを経験しています。家族と本人の両方に聞くとか、本人に聞いただけでは不十分なので家族にも補足的に聞くというのならわかりますが、本人抜きの診察が多かったです。コミュニケーションがとりにくい障害をもつ人や高齢者の中にも、同じ経験をしている人が多いかもしれません。

たぶん、認知症の人には理解できないだろうと思われていたのだと思います。でも、私たちは、適切な医療を受けたいと思っています。そのために自分の身体に起きていることをきちんと知りたいし、不安な状況になった理由を知りたいのです。それを私たちがちゃんとわかり、納得できるような医療であってほしいと思っています。

これまで「認知症」について中心となって考えてきたのは、医療・介護・福祉の専門職の方たちだったと思います。けれども、認知症であるという体験をしているのは本人で、そういう意味では、いちばんの専門家は認知症の本人だと思います。

社会認識の中で、暗黙のうちに「認知症になってからの人生のルート」がパターン化されてしまっているような気がします。でも、一人の人が生きていく、暮らしていくということにおいては、その人生の中に認知症であることが加わっただけです。どう生きるかを選ぶのはその人本人です。認知症の人、高齢者、障害のある人、女性、子ども……、立場はいろいろあっても、人生の主役はその人自身。認知症になったからといって主役でなくなることはないはずです。認知症の人だけでなくどんな人でも、自分らしく暮らせるような社会をつくりたいです。そんな社会づくりがやっと始まった、そういう気がします。この流れを途切れさせず、しっかりとした道にしていきたいと思っています。

facebook

2015年2月19日

●認知症ではない人が、認知症の人を前にして、認知症の人の気持ちを語る…「認知症の人と付き合う事がストレスを与える」と認知症の人の前で語られる。

それが普通だったのだろうな、今までは。

でも、それでいいのかな…。

それで認知症の人への社会の偏見はなくなるのだろうか？認知症になっても希望と尊厳を持てる社会は作られるのだろうか？

一日、ストレスに耐えた…。

明日からまたがんばろう。

本人の代弁者は、必要だと思います。もしもその人が、これから認知症になる人、今認知症とともに生きる人へ向けて、自分は代弁しているという気持ちをもっておられるなら。そして、認知症の人の、尊厳を保つための手段として代弁を続けてくださるならうれしいです。そういう声こそが認知症の本人が、発信する力を失うときが来ても、認知症になっても希望と尊厳をもてる社会をつくっていく力になるのだと思います。

「認知症」を知る人より、認知症になった本人、なる前のその人の考えをよく理解する人に代弁してほしいです。

2015年6月3日

●人を支えるための制度は必要ですが、制度に人を当てはめようとしてはいけない。

人間だもの、一つに皆が当てはまらない。

社会参加という言葉にしても、捉え方は様々。いろいろなかたちをともにつくり上げていけるといいですね。

2015年8月20日

●認知症とともに生きることは恥ずかしいことではない。

介護に至るまでの道のりは案外長い。

その期間を上手に皆で乗り切る事で、その先の人生もこれまで考えられていたものとは違ってくる。
希望は失われない…。

今はまだ発信できている人も、いつかは症状が進んで、皆さんにちゃんと伝わるように発信することができなくなるかもしれません。でも、そうなったとしても、その人が主体であることには変わりがありません。

もしも私が、介護が必要な状態になったとしても、藤田和子でなくなるわけではありません。人として、「どうしたい」ということが失われることもありません。それを考えずに、介護をする側の都合だけでさまざまなことを進められたら、嫌な気持ちになると思います。

介護現場にいる方たち、重度の認知症の人たちをみている方たちは、認知症である本人の「私たち抜きに私たちのことを決めないで」という声をいつも意識していないと、自分たちが支えているのは誰の暮らしなのかという視点がぼやけてくると思います。本人のことで何かを決めるという場面でも、本人がいない中で決めてしまうことはしないでほしいです。ただし、単に本人をそこに座らせて、「その場に本人がいるから本人抜きではない」という状況をつくるのは的外れです。

認知症とともに生きる人生の始まりの時点から継続して一緒に行動する中で、長い期間、時間をかけて本人と一緒にいろいろなことを決めていくという状況をつくっていくことが重要だと思います。

facebook

2016年3月7日

●アリセプトの効果……

認知症の人にアリセプトを安易に投与し、増量していくのは私も疑問に思います。

認知症はアルツハイマー病だけが原因ではないです。

私はアルツハイマー病でアリセプトを服用していますが、日常生活のやりやすさを感じています。薬を飲み始めて8年です。

初めは少量から飲み始めて、検査、私の日常の感覚、家族の感じている様子などから先生に判断してもらいながら少しずつ増量してきました。

アリセプトの効果について具体的に伝えてきた本人はほとんどいません。

私がもし高齢者のアルツハイマー病の人ならば、もしかしたら今感じている効果があったかどうかはわかりません。今は何とも言えません。

若年性のアルツハイマー病の私としては、本人にとってのアリセプトの効果をお伝えしたい。

初期からの適切な医療を受けられる事は大切な事です。

それに加えて、同時進行で周囲の理解と適切なサポート、人間関係の継続は必須です。

そして、本人自身も混乱や、不安を乗り越えながら自分自身を観察、理解していくことも必要です。

これまで言われてきたような結末を想像せず、日々の生活を大切に過ごし、積み重ねていくことに集中することです。

良いことも悪いこともあるのが人生。

悪いことばかり考えがちですが必ず誰かが助けてくれている。

そう私にも言い聞かせないと。そう思いながらの日々です。

２０１７年３月２日

●昨日はアルツハイマー病を診てもらうために受診する日だった。
受診は薬を出してもらうだけ。

そうは考えていない。

私としては、前回の受診の日から今日までを、自分なりに整理をする事に意味がある。

主治医に近況を報告し、次の受診を決める。私自身、病気が少しずつ進行していく感じを伝えることができる。一緒に行ってくれる夫はそんな私にホッとしている?(^^)。

診察室で傷つかない事は大切。

待ち合いの花もとてもきれいだった。

2017年3月7日

●2016年3月7日の投稿から一年たって、今はメマリーも20ミリグラムに増量。メマリーはふらつき感があり、やはりこれも徐々に10ヶ月近くかけて増量してもらいました。
規定通りの増量の仕方だと生活しにくさを感じました。

薬を飲んでいる本人が、どう効果を感じるか、または弊害があるのかは本人から伝えていくしかないと思います。

良い状態を保ちたい。そのために必要なら適切な薬に頼る事も必要です。


初期診断が絶望につながることになってはいけません。初期に診断を受けたからこそ切り拓ける人生があるはずです。

本人も、誰かに頼っていれば安心という状況の中で、自分が主体であること、自ら切り拓いていく力を育てることを忘れてしまうことがあります。でも、認知症と診断された人たちも、自分たちが暮らしやすい生活環境や生きやすい社会をつくるために、発信力や生きる力をつけていかないといけないし、その責任も担っています。自分だけのためだけではなく、次に認知症となっていく人たちのためにも、自分の経験を語り、勇気をもって発信していくことは価値のあることだと思うのです。

自分が主体となって暮らしをつくっていくという考え方をもち、認知症になってからもどのようにすれば暮らしやすくなるのかを考えていくことが重要です。「認知症になってもだいじょうぶな社会」の完成形はないと思います。これからも本人の発信を基に皆でつくっていくもの、常に進化形で、常に切り拓いていくものです

認知症になってからも希望と尊厳を失うことのない社会づくりは、今、始まったばかりです。この希望の灯りを消すことなく、世界中に灯し続けていきたいです。

第6章

パートナーからの言葉

1. 私の子どもがもう少し大きくなったら祖母や母の話をしたい。そして一緒に考えていけたらいいな

藤田和子長女　看護師
近藤千恵子

私は、母が祖父母を介護する姿を見て育ちました。母は看護師としての知識を活用して、祖母が少しでも快適に過ごせるように家の中を整えたり、食べやすい食事を作ったりと、工夫をしながら介護していました。祖母が小さな人形を口に入れてしまったときに母が冷静に声を掛けて、その人形を口から出したことや、トイレを失敗したときにすぐに着替えを手伝ったり床を拭いたりしていた母の姿をよく覚えています。朝早くから夜遅くまで介護と子育てを両立させる日々は、本当に大変だったと思います。父は仕事で忙しい人だったので、母は一人で介護を担いながら私たちを育ててくれました。

毎日必死で生きていた祖母と母の姿を間近で見ていたのに、子ども心に祖母は何もわからなくなってしまったんだと思い、そんな祖母を怖いと思う自分がいました。もしも、あの時の自分に会うことができるのなら、「おばあちゃんは言葉で伝えるのが難しいだけで

何もわからないんじゃないんだよ。おばあちゃんはどんなことがしたいのか、してほしいのか、一緒に考えてみよう」と当時の自分に声を掛けてあげたいです。「認知症だから何もわからないだろう」ではなく、祖母自身のことをよく知ることが大事なのだとあの時気付けていたら……と後悔しています。「あの時、介護する側の気持ちだけではなく、おばあちゃんの気持ちを考えて生活できていればよかったね」と、今になって母とともに振り返っています。

母が若年性アルツハイマー病と診断されたとき私は専門学校生で、両親と二人の妹と一緒に暮らしていました。社会人となり結婚した現在は、遠く離れて暮らしています。そのため日々の生活の困難をサポートしたり、それを克服するための工夫をタイムリーに一緒に考えたりすることはできません。母から電話で「進行してる感じがする」と打ち明けられるたびに、もどかしさを感じながら不安やその日にあった出来事などを聞いています。

母が診断される数年前、高校生のころに、私はオーストラリアの認知症当事者であるクリスティーン・ブライデンさんのことを知りました。そのおかげで、認知症に対するマイナスのイメージ以外のものをもっていたことは幸いだったと思います。クリスティーンさんの著書を読み、それまで抱いていた認知症のイメージが覆ったのです。認知症であったとしても、それはその人の一つの側面であり、人としての尊厳は失われないこと、認知症とともにその人らしい人生を歩んでいくことができることを知りました。それでも、まさか自分の母が若年性アルツハイマー病になるなんて、当時は思ってもいませんでした。

コーヒーゼリーを食べたことを忘れていた一件で、母には一刻も早く受診してもらい、もし認知症であればすぐに治療を始めてほしいと思いました。治すことはできなくても、治療によって少しでも長く良い状態を保ってほしいと、祈るような気持ちに近かったと思います。診断されるのはつらいことかもしれないけれど、様子を見ているだけではたいへんなことになると思ったのです。それに、認知症と診断されたからといって〝認知症の人〟になるのではなく、〝母は母なのだから〟、〝できることはまだたくさんあるのだから〟、そう思って受診を勧め、二人の妹と一緒に母の決断を見守る日々でした。

とはいっても、物心ついたころに見ていた認知症だった祖母の姿や壮絶な介護に明け暮れる母の姿が脳裏から消えることはなく、母はどうなっていくのか、そのとき自分はどうすればよいのかといった不安が全くなかったわけではありません。

認知症かもしれないと感じたときから、本人と家族の闘いの日が始まります。それまでの一人で何でもできると思っていた母のイメージから離れて、認知症とともに生きる母を受け入れること、自分の中に残っていた認知症に対するマイナスのイメージに向き合い変えていくこと、周りの人たちに理解してもらうことの難しさを感じました。専門学校の教官に、母がアルツハイマー病と診断されたことを相談したことがあります。しかし、「だいじょうぶよ」と言われただけだったので、それ以来相談することはありませんでした。当時の私は、「親が認知症だからたいへんそう」とか「かわいそう」と思われたり、根拠もなく「だいじょうぶよ」とは言われたくなかったのだと思います。あの時、「つらいときはいつでも相談してね。できることがあれば力になるよ」という一言だけでもいただけていたら、もっと楽になれたかもしれないと思います。きっとそれは、認知症と診断された本人も同じ気持ちだと思います。

母が診断された直後は、父や妹たちもつらかったと思います。でも、一番葛藤し苦しんでいたのは母本人です。認知症であることを受け入れて、明るい母に戻ってほしいと思いながら、また、母のつらさを聞きながら、家族でできることを模索していました。

そんな中で母がクローバーの会を立ち上げたとき、それまで人権を考える会で活動してきた姿を見てきたので、自然な流れとして受け入れることができました。認知症であっても、それまで築いてきた人とのつながりを保ち続け、社会の一員として活躍していこうとする母の姿が誰かの希望になるかもしれないと思い、陰ながら応援してきました。

講演やワーキンググループなどの活動が広がっていったとき、それまで出会った人たちや新しく出会う人たちとのつながりが保てるようにフェイスブックを使うことを勧めました。母は私が思っていた以上に、誰かとつながるだけでなく、当事者としての意見を発信するためのツールとしてフェイスブックを活用しています。母が自分の使命として頑張っていることをやめさせるのではなく、陰ながら支えることが、私たち家族に今できることだと思っています。

「認知症になってもだいじょうぶ」とはどういうことなのか。それは、認知症の本人のことを理解し続けてくれる人たちが周りにいることではないかと思うのです。私が認知症になったとき、家族、友だち、地域の人たちとの輪が広がっていくほど、認知症とともに生きやすくなるのではないかと思います。認知症というと介護のイメージが強いと思うのですが、大事なことは、住み慣れた場所で本人が主体となって少しでも長く生活を続けていくことです。私の子どもがもう少し大きくなったら、祖母や母の話をしたいと思います。そして、一緒に考えていけたらいいなと思っています。私にできることは小さなことかもしれませんが、それがいつか大きな輪になって広がっていくことを信じて。

2 困難を抱えながら生きる人々にとってよりよい社会を築くことを目指して

特定非営利活動法人
若年性認知症問題にとりくむ会・クローバー
川口　寿弘

「自覚した当事者の責任」

最近、藤田和子さんとその活動を理解しようとする人たちに、「藤田さんは、当初から当事者が声をあげることの重要性を訴えていたようだが、どこからそんな視点やパワーが湧いてきているのだろうか」と尋ねられることがよくある。私は「差別をなくそうと活動をするさまざまな当事者の声を聴き続けてきたからではないでしょうか」と応じている。

藤田さんは、娘さんたちが小学生のときにＰＴＡ活動に関わり同和教育推進委員会の委員として活動し、のちにその際知り合った仲間たちと「人権を考える会・たんぽぽ」を立ち上げた。私と藤田さんが知り合ったのは、この会の定例研修に話題提供者として招かれたことがきっかけだった。藤田さんは、これらの取り組みから「どんな社会問題でも、まずは当事者が声をあげ社会に提起することから始まっていること」そして「当事者の訴えに連帯する人たちとのムーブメント（運動）により少しずつ社会が変わっていくこと」を学んでいった。

アルツハイマー病と診断されてから、当初、活動を始めようとしたころは、本人の不安感もさることながら、周りからの〝ありがたい忠告〟もあり、仮名を使用していた。しかし、当事者の訴えといいながら仮名を使うことに疑問も感じていた。そんな状況の中で、藤田さんから「いろいろと不安もあるが、仮名を使わずちゃんと藤田和子として訴えるべきかどうか悩んでいる」と相談を受けた。私は、「当事者として訴えていくことの必要性を〝自覚した者の責任〟があると思います」とそのとき答えた。藤田さんは「やっぱりそうですよね、間違いない！」と力強くうなずいた。相談と言いながらも、藤田さんの中では「もうすでに結論が出ていたんだ」と思うような言葉と表情であった。

「クローバー」の立ち上げ

２０１０年11月、私たちは「若年性認知症問題にとりくむ会・クローバー」を設立した。アルツハイマー病であるとの診断を受け、さまざまな偏見や困難にさらされながらも積極的に生きようとする姿に共感し、藤田さんと活動をともにしようとする仲間たちとでこの会を立ち上げた。

クローバーは、認知症の本人の意思から学び、社会のありようを本人や家族に寄り添ったものに変革していく活動を展開することを設立趣旨とし、既存の社会資源が圧倒的に不足している初期の認知症本人の支援に力を入れている。クローバーという名称は、「本人・家族・支援者」の三つの葉に「社会」という葉を加えて、四葉のクローバーになぞらえ、藤田さんが命名した。

クローバーが最初に手掛けた「若年性認知症問題シンポジウム」には、認知症介護研究・研修東京センターの永田久美子さんにご登壇いただいた。この時の永田さんと藤田さんとの出会いがのちの「日本認知症ワーキンググループ」設立へとつながっていく。

設立から5年目を迎えた2015年6月、クローバーをNPO法人化した。新生クローバーは、藤田さんの主治医でもある浦上克哉医師（鳥取大学医学部教授）が理事長、藤田さんが副理事長、そして看護師、保健師、弁護士、社会福祉士、精神保健福祉士、介護福祉士、社会保険労務士、キャリアカウンセラー、産業カウンセラー、市民団体役員など多職種の社員・スタッフによる活動・運営体制をつくった。そして、現在は認知症の本人の意思を反映させた施策づくりのための政策提言や、初期認知症の本人たちへの支援コーディネート事業を進行させている。

藤田さんは、「私はラッキーだった。私の周りには、当事者視点に共感し活動をともにしてくれる仲間がたくさんいた。そして、その仲間たちは、当事者運動の活動者、ケアに関わる専門職など多種多様な人たちであった」と語っている。だが、彼女が創ろうとしているのは、ラッキーな人とそうでない人が存在する社会でなく、認知症になった全ての人が希望と尊厳をもって暮らせる社会の実現である。そのためには仕組みづくりが必要で、その実現のために藤田さんは仲間たちと果敢に現状に挑んでいる。

「空白の期間」と「支援コーディネーター」

認知症が中等度から重度に進行すると生活上の困難が多くなり、介護保険サービスの利用対象者となる。ところが、診断・告知前後からこの中等度あたりまでは、認知症の本人をサポートする制度がない。この期間を、私たちは「空白の期間」と表現している。

藤田さんは、東京で開催された「認知症当事者研究」勉強会において、「空白の期間」について次のように訴えている。

「自分が病気になる前は、認知症の人といったら、何もわからない人ととらえていたけれど、自分がなってみて、そうではなく、初めから介護を必要とするのではないことがわかった。〝介護保険ではない支援が欲しい〟と訴えるのだけれどなかなか理解されない。すると、支援する新しい仕組みがないために、介護保険になんとか当てはめようと考えられてしまいます。現在は支援の仕組みがない『空白の期間』に予算や人材を投入することで、認知症の人の生活は大きく変わるはずです」

そして、「本人支援の重要性について医師が理解を深めていくことは重要で、診断後は直ちに本人支援が始まり、不安を軽減するためのカウンセリングや、これまでの人間関係を維持できるようにする支援、仕事や日常生活を続けるための支援を受けられるようにすることが必要なのです」と提言した。

クローバーでは、この「空白の期間」にいる本人や家族に対し、面会相談や家庭訪問を行い、医療機関をはじめとした関係機関への同行支援や本人が就労する事業所への配慮要望など、「支援コーディネーター」としてさまざまな支援を展開している。これらの支援の過程では、藤田さんをはじめ、初期認知症の本人同士の関係づくりを進め、ピア・カウンセリングによる本人の居場所づくりを進めている。

本人視点の考え方

「本人視点の考え方」の原則は、専門職や家族が本人の様子から推察することではなく、まさに本人の内面から湧き起こる意欲や幸福追求に向けた想いに基づいた発信を、私たちが真摯に受け止めようとすることである。

藤田さんは「私はアルツハイマー病には見えないとよく言われます。多くの人のもつアルツハイマー病観は、この病気の後半のイメージに大きく傾斜している」、「いつも物事ができないわけでなく、日常の大半はしっかりと判断できています。でも、ところどころ困難なことがあるので自分に不安を感じ、自信を失いやすいのです。それに、些細なことで揺れ動く感情をコントロールするのに、半端でない脳の疲労感がある」、「認知症の人は新しいことが覚えられないと決め付けないでほしい。本人がやりたいと望むことを、誰かが根気よくサポートしてくれるとできるようになることも多い」と自らの経験を述べ、具体的なサポートについて語る。

そして、「認知症になったのだから、この人はいろいろなことができないと周囲の人に諦められてしまうことで、その人の人生におけるつまずきが増えるのではないか」と指摘している。また、「私たちの訴えを聞いて、〝勉強になりました〟、〝感動しました〟で終わらせないでほしい。しっかりとていねいに政策・施策に反映させてほしい」と行政など仕組みをつくる側の人にも訴え続けている。

〝もっといける！私〟

藤田さんが仲間たちとともに歩んできた10年の節目に、本書『認知症になってもだいじょうぶ！』が刊行されることになった。

藤田さんの言葉を思い返して記述してみた。藤田さんと私たちが何を考え、何を変えようとしてきたのか、営みを振り返る良い機会になった。

クローバー立ち上げを決意する過程で、こんなやり取りがあったことを思い出した。私が「何かを変えたければ、それを担うものになり改革するか、そうでなければ社会に影響を与える新たなものを創っていく、どちらかだと思うのだけれども……どうします？」と尋ねると、藤田さんは「さまざまな場面で、私たちのことが私たち抜きに決められている状況は絶対に間違っている、これまである制度や仕組みのみにとらわれず、本人とともに考え展開していく新たな取り組みを創りたい！」と力強く返してきた。私たちが目指す進路はこれで決まりだった。

クローバーの仲間たちとの議論は、夜遅くまで及ぶことも多々あった。そんな中で、「本人視点の考え方」や、「空白の期間」のようなある意味パワーフレーズを絞り出してきた。議論が白熱し、藤田さんを泣かせてしまったことも幾度となくあった。この紙面を借りて謝ります、率直に言い過ぎたことが多々ありました。

新生クローバーでは、事務局スタッフの松本真理愛さんが、藤田和子さんのパートナー的存在として奮闘している。最近この女性同士の絆に、なかなか割って入ることができない（苦笑）。

アルツハイマー病と診断されてから10年、病気の症状としては「毎年、薄皮が一枚一枚はがれていくような進行状況」だと藤田さんは言う。しかし、認知症とともに新たな人生を踏み出している藤田さんは、これまでも、そして今も、認知症の本人をエンパワメントし、私たちを引き込むメッセージを発信し続けている。

藤田さんのマイムーブは、「もっといける！私」。

今も周りの人との関係性を維持し、さらにフェイスブックを始めるなど新たなことにも挑戦している。認知症の人のみならず、さまざまな困難を抱えながら生きる人々にとってよりよい社会を築くことを目指し、藤田さん、そして私たちは、まさにパイオニア（開拓者）として、これからも歩みを進めていく。

3. 早期診断のメリットを生かしたい　―主治医として

鳥取大学医学部教授
浦上克哉

藤田さんが初めて診療に訪れたのは9年前でした。その時の一番の訴えは、「自分では異常を感じているのに医療機関ではそのことに対しての適切な対応をしてもらえない。その〝蛇の生殺し〟のような中途半端な状態がつらい」ということでした。

検査をしてみるとごく初期の状態で私もたいへん悩みましたが、最終的には髄液検査で脳の病理変化を示す所見があったので初期のアルツハイマー病という診断をさせていただき、投薬による治療を開始しました。

藤田さんには、認知症のお母さんの介護の経験と看護師という経歴があるため、非常に早い段階で自分の異変に気付かれ認知症を疑われたのですが、当時これはとても珍しいことだったと思います。診断後、藤田さんはこんなことを言われました。「アルツハイマー病という診断を受けることはつらいことですが、病気だということをしっかり認識することができて、ここからスタートを切ることができます」。以来、私は病気の進行を少しでも遅らせるように医療面での伴走者として一緒に歩んできています。

あれから9年、病状はやはり進んできており、薬も徐々に増えています。しかし、常に先手を打って治療ができているため、それほど進行が目立っていません。藤田さんのケースを見てもわかるように、早期に診断して早期に治療を開始するメリットはとても大きいといえます。ただ一般的には早期の段階での支援はないに等しく、「早期診断・早期絶望」などと言われる事態が起きているのが現状です。介護保険につながるほど進行していない、藤田さんのような状況の方でもさまざまな支援を必要としていますが、支援につながる仕組みがないのです。スコットランドでは1年間限定で、早期診断を受けた方の相談援助のためのリンクワーカー制度がありますが、早期診断のメリットを生かすためにはこうした制度が日本にも必要だと思います。

以前は多くの若年性認知症の方は診断がつくなり仕事を辞めざるをえず、病気への不安に加え経済的な不安を抱え、さらには何のために生きているのかという状態での生活を余儀なくされていました。そのような環境が病状に悪い影響を及ぼして全般的に予後が悪くなっていたと思います。しかし、今は仕事を継続できている人もいます。また藤田さんは講演活動や、自分が訴えたいことについてこうして本を執筆するような、社会的に意義のある生きがいにもつながる活動をしています。自分が生きて存在している役割を実感できるということが良い効果を与えることは目に見えて明らかです。

早期診断のうえで早い段階でリンクワーカーのような役割をもつ人が職場とコミュニケーションを取り、継続して就労ができるようにするなど、早期のうちからその人のこれまでの暮らしが継続できるような支援を充実させていくことが求められています。

また、認知症の人がより良い生活を送るためには、早期診断・早期治療だけでなく早期対応が大きなカギとなります。もの忘れが起こり始めた時期、「このまま放っておいたら、この人はどんどん悪くなっていく」と感じて、ご家族がきつく注意をしたり叱ったりする場合が多いのではないでしょうか。するとご本人とご家族との人間関係は悪くなっていきます。こうした環境の中では早期に治療を開始して抗認知症薬を処方しても、その効果を十分に発揮することができなくなります。医療だけでなく環境の整備等との相乗効果が病状を維持するためには必要なのです。藤田さんの場合は、病気になってからもご家族の態度が変わらなかったと聞いていますが、これは病状の進行抑制に非常に役立っているはずです。

大事なのは、ご本人のペースを大切にしてあげることです。しかしまだ、認知症に対する正しい理解が進んでいないため周囲の人のペースで進めてしまい、ご本人にとっては混乱につながってしまうというケースが少なくありません。

「認知症」はかつて「痴呆症」と呼ばれていました。２００４年に、社会に根付いた「痴呆症」のイメージがあまりにも悪かったことから名称が変更されたのですが、私は、言葉を変えただけでは本質の解決にならないと思っています。社会全体の認識を根本的に変えていくことが必要で、認知症に対する正しい理解を広めなくてはいけないと考えています。私たちがいくら早期受診を呼びかけてもそれが進まない大きな要因の一つが、この社会の認識の壁です。認知症が特別な病気ではないのだということを誰もが理解し、認知症の人が道に迷ったときなどに「助けて」と言えるような社会、認知症の人の困りごとを周囲がしっかりサポートできる社会、本人が多少の不便さはあるが安心して暮らせるような社会にすることが必要です。

そのような意味で、藤田さんは本人の立場から発信して早期支援の仕組みをつくろうとされ、社会を変えようとされているわけです。私も医療者の立場から応援できることはしていきたいという思いがあり、「若年性認知症問題にとりくむ会・クローバー」の理事長を引き受けるなどの応援をしています。

私は長く認知症の人を診ていますが、まだ根本的には治せないという現実の中で、本当に医師として無力感を感じるのです。でも、できないことをできるようなふりをしたりするのではなく、ご本人と一緒に受容してともに歩むという気持ちで医療を提供していきます。ご本人だけでなくご家族の言葉にも耳を傾けて介護者の会やケアスタッフやケアマネジャーなど悩みを語れる先を紹介したり、医師の「聴く姿勢」や「声掛け」は、患者さんやご家族にとっては道しるべの役割をもっていると思いながら関わっています。そして、講演などを通じてこうした思いを多くの医師に伝え、少しずつでも患者さんに寄り添う医療者を増やしていこうと努めています。

藤田さんは、早期に自分で気付いて治療を始め、ご家族の変わらぬ対応の中で、存在意義のある暮らしを送っており、認知症の人にとってのプラスの要素を備えた経過をたどっています。このような素晴らしいお手本があるわけですから、これから認知症になる人には藤田さんの経験をぜひ生かしてもらいたいと思います。

4. 格闘しつつ、自分の人生を生きていく　―認知症とともに輝きを増しながら

認知症介護研究・研修東京センター研究部長
永田久美子

「気づいたことは、言ってもいい」―解放のメッセージ

「認知症になった人抜きに決めるっておかしい……と思うんです……！」

初めて出会ったときの藤田さんの一言が、今でも忘れられない。控え目にそっと、しかし、熱い芯のある言葉に、一瞬で吸い込まれた。認知症への無理解や偏見についての指摘は世の中にたくさんあるけれど、藤田さんの言葉には指摘というより、当事者としての体験に根差した心底からの憤りと悲しみが込められていたように感じた。そして、訴えというより、「変えたい」、「変えなければ」、と世の中に向けて、そして自らに向けて決意するような一言だった。

その後、何度この言葉を藤田さんから聞いたことか。

認知症をめぐる世の中の理解や施策、医療・介護等のサービスは急速に進んできてい

る。しかし今でも、いざ認知症とともに生きていく身になったとき、どれほど多くの無理解や偏見にさいなまれ、生きる力がどれだけ削がれていくことか。多くの人がその過程で存在不安や混乱を強め、失望の淵に陥り、語れなくなっていく。

藤田さんはそのことに敏感に気づいたのだ。病気のせいだけで語れなくなるのではない。医療や介護の専門職、行政職も含めた社会全体に根深く潜む無理解や偏見が、認知症とともに生きる人たちが豊かに秘めている可能性の芽を摘んでしまっている。認知症は病気との格闘であるとともに、人が人として大切にされること（人権）を人々に真剣に求める社会との格闘でもあるのだ。大げさのようだが、藤田さんは発症後10年近くにわたって、身をもって感じた「おかしいと思うこと」について声をあげ続けてきたのだ。消耗し、傷つきながらも、藤田さんは諦めない。

一見、とてもおしとやかに見える藤田さんのどこからそのエネルギーが湧いてくるのか。この本を読んで、その源を少しだけ知ることができたように思う。子どものころ、「誰も言わない……何度も迷った挙句に……気付いたことは言ってもいいということに目覚める出来事」を体験した藤田さん。子育て中に、「差別をなくす側となって生きたい……行動しなくてはならない」と考えて、ＰＴＡ仲間のお母さんたちと一緒に人権問題を考える会を立ち上げた藤田さん。

今、藤田さんは認知症の枠の中で声をあげているのではない。人が生きていくうえで何が大切かを考え続け、それを脅かす社会の課題に気づき行動を起こしてきた「藤田和子という生き方」を貫こうとしているのだと思う。

「気付いたことを言っていい」。これは、認知症を発症後、多くの理不尽な体験をしつつそれを言えないでいる多くの本人に向けて、「黙っていたままではわかってもらえない。世の中は変わらない。当事者しかわからない気づいたことは勇気をもって伝えていこうよ」という藤田さんからの解放のメッセージなのだと思う。

それを具体的なアクションに移していくために設立された日本認知症ワーキンググループの共同代表として、その活動を牽引している藤田さんの真価がこれからますます発揮されていくと思う。

自分で生きていく覚悟と工夫―よく生きる進化は続く

藤田さんは認知症になる可能性のあるすべての人にアドバイスしてくれている。「自分で判断できるうちに大事なものだけ残していらないものはなるべく捨てるように」と。ものがいっぱいあると頭の整理ができず、取捨選択がしんどくなってしまうのを防ぐためだ。自分にある力で自分が決め、自分の暮らしは自分で守る、そんな藤田さんの覚悟が伝わってくる。

買い物に行き、冷蔵庫の中身を見ながら家族のために献立を考え、台所に立ち続けている藤田さん。

単純に見える一つひとつも自分でこなすことは決してたやすいことではない。家族や誰かに頼んでお任せにしたほうがずっと楽なはずだが、できるだけ「自分でしようと決めている」、「任せてしまうとできなくなってしまうという感覚がある」という。自分の力で自分がやり続けるということが、本人にとってどれだけかけがえがないことか。医療や介護の専門職が、本人の自立をと唱えつつ、口出し手出しをしてしまっていることが、身体面のみでなく精神面でもどれだけ本人の生きる力を奪ってしまっていることか、改めて考えさせられる。

「一度にたくさんのことをすることができない私」ができるためにはどうしたらいいかという視点で工夫を重ねている藤田さん。本書には生活の一コマ一コマで藤田さんが編み出した工夫の数々が記されている。以前はできていたことが次第にできなくなってきていることもあるが、藤田さんは変化しつつある自身の状況に応じて、次なる新工夫を編み出している。認知症の進行とともにだんだんできなくなっていくという見方が当たり前のようになっているが、あまりにも負の側面ばかりを見てきたのだと改めて気付かされる。できないことが増える一方のみではなく、進行した段階なりの新たな工夫を生み出し、進化しながら生きているのだ。

藤田さんに限らず認知症の人たち一人ひとりは、周囲の人が気付いていないたくさんの工夫をしながらその人なりの生活を送ろうとしているに違いない。

自律的な依存―自分らしく暮らし続けるために

藤田さんは何も自分一人だけで頑張ろうとしているわけではない。「認知症であっても自分らしく自立した生活を実践していくために、安心して頼られる依存先があることが大事」と記している。まさに、自分が自分としてあり続けるための自律的な依存にトライしているのだ。

そしてそれを可能にする人間関係は、「認知症になってからもつくれる」「新しい人間関係をつくっていくことで、世界が広がっていく」「私は認知症になってからいろいろなことに挑戦して、新しくたくさんの人に出会った」という。これらの言葉にどれだけたくさんの人が励まされることだろう。

家族と地域社会のこれからのカタチ―新たな世界が広がるように

「家族は、そうして世界を広げている私を心配しながらも、私にとっては良いことなのだと認めてくれているので助かります」という藤田さんの一文はとても重要なメッセージだ。現実は、心配のあまり、認知症になった本人が地域社会に出ることや新たなことに挑戦することにブレーキをかける家族が多く、そのことがお互いのストレスと不和を生み出し、互いの心身状態や人間関係の悪化の悪循環に陥っている残念なケースがあとを絶たない。

認知症があっても本人はチャンスがあれば伸びていける。本人は世界が広がることで新たな楽しみ、そして希望を見出し、安心と自信を強め、たとえ認知症は深まっても安定して暮らしていく可能性が広がる。そのことで、家族もずいぶんと楽になりうる。

家族だからこその心配は尽きない。そんな中で藤田さんのご家族のように、「本人にとって良いことなのだと認める」家族のあり方が、これからの時代、大事なカタチだと思う。本人も家族も、それぞれの暮らしや願いがある。お互いがそれらを大切にし合う関係、そして心配なことはあっても相手を信頼しその願いがかなって世界を広げていくことを喜び、そっとあと押ししようという関係。家族を大切に思う気持ちが、生きることを縛り合うのではなく、お互いが覚悟しながら、離れても絆で結ばれている関係。認知症はもしかしたら、家族の関係を問い直す試金石なのかもしれない。

と同時に、本人が世界を広げることを家族が安心して認められるようになるためには、地域社会の人々も認知症の人が地域社会に出て世界を広げることを当たり前のこととし、家族だけをはらはらさせたり責任を過度に追わせたりせずに、安心・安全に暮らせる地域を一緒につくっていくことが不可欠だ。

この地域づくりにおいても、藤田さんは、本人抜きではなく本人が進めていく可能性を体現している。娘さんの受験の際に、藤田さんは学校の先生に自分の実情を、勇気を振り絞って伝え、先生たちの素晴らしいサポートの力を引き出したことが記されている。認知症を生きる一人ひとりは、認知症になってからの人生途上のさまざまなシーンを通じて、地域の人たちの意識を変え、やさしい社会に変えていく地域づくりのフロントランナーであることを物語る貴重なエピソードだと思う。

小春日和の日がくる──波に乗って穏やかになるのを待つ

この一冊から学べることは無数にあり、書ききれない。最後に藤田さんの以下の言葉を刻んでおきたい。「今朝起きてみると、頭が膨張するような痛みと、ぐちゃぐちゃなこんがらがった感じで頑張る毎日でも、楽しく明るく過ごすために工夫してみようと、一番に考える自分がいた」「そんな自分にびっくりしたし、嬉しい気持ちだった」。

認知症を体験しながら生きる中で起きていることの現実、そして厳しい時期もあるけれど、日々の中で（小さな）安らぎや楽しみ、希望を見出すことができるということ。絶望せずに時が過ぎるのを待っていると小春日和のような穏やかな時期がやがて訪れるということ。

藤田さんは、きっとこれからも、私たちの一歩先を歩みながら、希望を灯し続けてくれることだろう。少しずつその灯は輝きを増している。その灯を大切に、みんなが少しでも早く幸せな日々を送れるようになるよう、一緒に進んでいけることを願っている。

5. 和子さんとのこと

のぞみメモリークリニック　看護師
水谷佳子

２０１７年2月。深夜、パソコンに向かっていると、携帯にメールがありました。和子さんからでした。

「大雪情報フェイスブックにアップしながら、本に載せるイラストを亜矢子が書くのを見ながら……あれこれあっても今が幸せなひと時(*´∀｀)佳子さんもゆったりとした時間に包まれていますように。おやすみなさい」

何度か一緒に過ごした部屋、娘さんに向けられたまなざしを思い浮かべました。ココちゃん（和子さんの愛犬）はベッドの上で寝ているかな。ふわふわのクッション。ほのかに香るアロマ。こたつの温もり。和子さんのお気に入り、〃いい感じ〃の時間。和子さんの周りを漂う温かで豊かなものが私をくるみ、気持ちも身体もほぐれていくようでした。

和子さんとの出会いのきっかけは、「認知症」でした。認知症がある人の意見発信や、認知症がある人もない人も一緒に「認知症とどう生きるか」を話し合う活動など、「認知症」にまつわる何かしらが、和子さんと私とをつないできました。

時を経て、和子さんとのやりとり、付き合いを重ねるうち、私の中に大きな変化がありました。和子さんと私とをつなぐものが、「認知症」ではなく「和子さんという一人の女性の存在そのもの」になったのです。何だか、堅苦しい表現になってしまいました。つまりは、今の私にとって和子さんは、認知症にまつわるエトセトラに関係なく、かけがえのない存在なのです。「友だち」という言葉が近いのかもしれませんが、「友だち」の語感は人によってずいぶん違うように思えます。人生の、そして看護師という職業上の先輩でもあり、姉妹のいない私にとってお姉さん的存在でもあり、主婦同士でもあり、お互いに娘という立場でもあり、それぞれが子ども時代・青春・社会人としての営みを生きてきた女性でもあり……。やっぱり私には、「友だち」というよりも、和子さんという唯一無二の存在というほうがしっくりくるような気がします。

今は、和子さんへのメールにキラキラやハートマークを付けてしまう私ですが、初めからそんな関係だったわけではありません。電話やメールのやりとりは、「認知症に関する活動の用件」だけでした。それ以外のこと……日々の暮らし、人間関係、認知症と生きるという体験の具体、そして特に和子さん自身の「こころ」の近くには踏み込んではいけないと思っていました。自分のそういった話も、きっと煩わしいだろうと思って口にしませんでした。

直接のきっかけは忘れてしまいましたが、しばしば活動の用件で電話しているうちに、「今日、こんなことがあってね」というような世間話になり、それまでにない長電話をしたことがありました。「長電話で疲れちゃったかな。申し訳ないことしたなぁ」と思う半面、その、他愛ない「女性同士の会話」がとても楽しくて、嬉しくもありました。電話を切ったあともしばらくの間、ウキウキというか軽やかというか……高校時代に友だちと遊んだときのような気分でした。

考えてみれば私には、そんな存在の人がほとんどいません。仕事上での付き合いはあっても、普段の暮らしの中で話す人といえばごくわずか。親の転勤で引越しが多く、幼なじみといえる人はいなかったのです。実家のある町から離れてしまったし、学生時代に一緒に遊んだ人たちとも疎遠になってしまいました。そんな自分の人間関係のありようをふり返る機会もなく生きてきた私は、和子さんとの電話で、他愛ない会話と人付き合いの楽しさ、一緒に過ごす時間の豊かさを思い出しました。

＊　＊

「認知症そのものよりも、人間関係が壊れることがつらい」「認知症と言うと、人が離れていく」「人がそばにいても、『認知症の人』としての関わりしかなければ、ものすごく孤独」。私が今まで認知症がある人たちから聞いてきた言葉の一部です。このような声を聴きながら、「認知症とともに生きるということ」を繰り返し考えました。

――認知機能が働きにくくなる、そのこともさることながら、人間関係のあり方が、「生きていて良かった」と思える時間を過ごせるかどうかを左右する。自分や周囲の人たちを含む社会の「認知症への偏見」がなくなっても、「認知症と生きる工夫」がたくさん編み出されても、それだけでは「認知症とともに、よりよく生きる」ことはできない。「人付き合い」「人と人の関わり合い」が、認知症になってからの人生を豊かにも孤独にもする――。

自分が認知症になったとき、どれだけの「人付き合い」が残るのだろう。「認知症の水谷さん」ではなく、ただの「水谷さん」と一緒に〝良い感じ〟の時間を過ごそうという人がどれだけいてくれるだろう。以前の私は、そこで壁にぶつかりました。希望を見い出せずにいました。でも、今は違います。

和子さんとの現在進行形の付き合いは、私にとって大切なものです。落ち込んだとき、誰かと些細ないざこざがあったとき、ちょっとやる気が起きないなぁというとき、何だか疲れてしまったとき、電話やメールができる。自分のありのままを見せられるし、受け止めてもらえる。更年期に差しかかってきた私の体調のことも、こっそり話せる。好みのアクセサリーや雑貨を一緒に眺めながら、キラキラした時間を過ごす。オシャレなカフェを見つけたとき、「今度和子さんと一緒に来たいな」って思う。ずっと胸の内にしまい込んできた話を聞いてほしいと思う。そんな存在の和子さんだから、もし私が認知症になったときも何の気掛かりもなく話せる。認知症の私とではなく、ただの私と付き合い続けてくれると確信できるのです。

同じように、「認知症」がきっかけで出会った人たちそれぞれとの人付き合いがあります。もちろん、付き合い方は違います。それは学生時代の友だちも同じ。話したいこと、楽しみたいこと、共有したいこと、共感し合えること……分かち合いたいことや、もち寄りたいことは、人によって違うから。

＊　＊

「認知症になってもだいじょうぶ」。心の底からそう思える人、確信をもって言葉にできる人がどのくらいいるか、私には見当もつきません。今の私は「ほぼ、だいじょうぶ」くらいかもしれません。この先、月日が流れて環境や人間関係が変わっていったとき、今と同じように「〝良い感じ〟の時間を一緒に過ごせる人」が近くにいるとは言いきれないからです。でも、思えば数年前は今の私を想像できませんでした。これから先、どんな出会いがあって、どんな人付き合いが始まっていくかはわかりません。

今ある、かけがえのない関わり合いを大切にしながら、新たな関わり合いをていねいに紡いでいく。それが私なりの「認知症とともによりよく生きる」ことを実現する一つの方法だと思っています。

6. 一緒に本をつくってきて

全国マイケアプラン・ネットワーク代表
島村八重子

私が藤田和子さんの話を初めて聞いたのは2014年1月、第4回「認知症当事者研究」勉強会のときでした。その日は、「〝認知症の人基本法〟を作るとしたら」というテーマのもと、認知症の本人を含む参加者による活発な意見交換が行われていました。中盤に立ち上がって発言した女性の言葉に、私の心はわしづかみにされました。

「たいへんなのは認知症の人を支えている人だから、その人たちを支えれば本人を支えることにつながるという考えがあります。そういう視点は大切だし、私もこれから症状が進んでいったときに支えてくれる周囲の人たちがたいへんにならないことを願っています。でも、最初に周囲の人たちの視点から入っていくと、私たちはうまく発信していけない状態なので率直に思いが外に出せなくなるのです。何でもまず『本人』の視点から入っていかないと、本当に必要なことが埋もれてしまいます」――この話をしたのが藤田さんでした。

私は全国マイケアプラン・ネットワークという市民団体の代表をしています。「介護保険を利用するときに作成するケアプランはサービスを利用する本人のもの。他者に任せきりにせず本人が主体的に立てよう」という趣旨で活動しています。藤田さんの発言は、ケアプランを立てるという場面と同様に最も大切な核心を突いたものだと感じたのです。

それから2年ほど経った2016年の初めにメディア・ケアプラスの松嶋氏から、「藤田さんの本を出版したいので編集補助をお願いできないでしょうか」というお誘いをいただきました。私は「あの藤田さんの本!」と、すぐに参加表明をしました。「ちょっとした手直しでもなく、ルポでもなく、聞き書きでもなく、ゴーストライターとして書くのでもなく、私にどんな補助ができるのか?」と不安がないわけではありませんでしたが、藤田さんと話がたくさんできるというのは、その不安を差し引いてもなおお釣りが来るくらい私にとっては魅力的なことでした。

実際にこのプロジェクトが発進したのは2016年の春でした。藤田さんとお会いして、彼女がこれまで書きためたものを読み込み、構成を考え、どうすれば藤田さんの思いをたくさんの人に伝えることができるか、藤田さんと松嶋氏の3人でいろいろとアイデアを出し合いました。藤田さんとしては長い文章を書き下ろすのはしんどいとのこと。でも新たに書かなくても、2014年から始めたフェイスブックには、短いフレーズながらもとても熱い思いが込められた投稿や日常の暮らしが垣間見える書き込みが連なっていました。そこで、このフェイスブックを土台にしながら掘り下げて加筆していこうということになりました。

方向性はだんだん固まってきたものの本当にエンジンが掛かったのはその年の秋になってからでした。本格的に章立てごとに書き上げる作業は10月に私が鳥取に行き、2泊3日で集中して取り組んだときからだったと思います（私たちはこれを「合宿」と呼んでいます。真ん中の日には鳥取を台風が直撃、ホテルに缶詰めになって密に話すことができたのは、〝怪我の功名〟という気がしています）。宿泊をしていたホテルに来てもらい、買い込んだお菓子と飲み物を間にあちこち脱線しつつ、藤田さんの言葉を私がパソコンに打ち込み、藤田さんが自宅に帰ってから、誤字を直したり文脈を整理したりしてメール添付で藤田さんに戻し、翌日また一緒に修正するというやり方で進めました。藤田さんは助詞の一つひとつにも立ち止まって考え、自分らしい文章を組み立てていきました。この合宿後は、藤田さんが東京に来るときに会ったり私が再び鳥取に行ったり、メールやフェイスブックの無料通話機能を活用して同様の手順で、原稿を行ったり来たりさせながら藤田さんは一気にほかのところも書き上げていきました。

振り返れば、なんと半年間ほどで藤田さんはこの本をまとめ上げたことになります。通話の声からとても疲れている様子が感じ取れて、心配になったことが頻繁にありました。講演活動や、さまざまな委員会などの委員としての役割を果たしたり、各方面からの取材などを受けたりする中での原稿書きなのですから、これは並大抵のことではありません。でも、「病状は進んでいるのを感じるから今やらないと。先延ばしにすると先々もっとしんどくなる。」という藤田さんの頑張りは本当に頭が下がるほどでした。文字どおり、藤田さんが身を削ってまとめたのがこの一冊です。

藤田さんの思いは、生活する中で感じた素朴な「おかしい」から生まれたものでとてもシンプルです。土台には長年人権問題を考える中で培ってきた感覚があり、私には胸にストンと落ちることばかりでした。

私には義父母、実母の介護経験があり、そこで感じた問題意識がマイケアプランの活動につながっています。マイケアプランとは「どのような状態になっても人生の主役は自分。自分のことは自分で考えよう。周りは自己決定を尊重しよう」という活動です。元気なうちは当たり前のことですが、介護が必要になると本人が主役の座から一歩引いてしまい、本人抜きでものごとが運んだり、本人の「〜したい気持ち」より周りの「リスクを心配する気持ち」が本人の納得を待たずに優先されてしまったりといったことがよく起こります。こうしたことは、それまでたくさんの自己決定をしながら生きてきた人の尊厳を少なからず傷つけることだと思うのです。

日本認知症ワーキンググループの「私たち抜きに私たちのことを決めないで」という考えは、認知症の人だけでなく自己主張をしづらい立場にいるすべての人に共通するものだと感じてます。こうした問題意識があり、私のほうが藤田さんに代弁してもらっているような錯覚に陥ることもしばしばありました。さらに認知症について私が抱いていた得体のしれない恐れはかなり小さくなりました。自分が認知症になったときにどう生きるか、大切な人や友人が認知症になったときにはどう考えればいいか、そのために今をどのように過ごせばいいのか、その指標をもらった気がするからです。きっと「パートナー」というのは一方通行の関係ではないのだと思います。

この本を、専門職や認知症とともに生きる本人・家族などはもちろん、認知症に漠然とした不安をもちながら遠巻きに見ている人、これから認知症になるかもしれないすべての人に読んでもらいたいと思っています。

政策や行政・企業等による仕組みづくりを待つだけでなく、世の中の一人ひとりが認知症に対する意識をほんの少しずつ前向きに転換すれば、認知症になってもだいじょうぶな社会へと飛躍的に近付くはずです。私たちの子どもや孫の代に、そんな誰もが尊重し合える社会を引き継ぎたいです。

藤田さんが本を書いている間、温かく協力してくださっていた藤田さんのご家族にも感謝いたします。ちなみに、カバーと各章のとびらに配されているイラストは三女・亜矢子さんの作品です。お母さんを見守りつつエールを送る視線が感じられてほっこりすると思います。

この1年間を振り返ると、とても楽しく充実した時間を過ごすことができました。本づくりは一段落しましたが、これから先も藤田さんのパートナーの一人であり続けたいな、というのが今の私の気持ちです。

おわりに

「本を出してみませんか？　いつも藤田さんが言われていることを広めたいです」。メディア・ケアプラスの松嶋さんから声を掛けられたのは1年半前だったと思います。その時の私には、本にできるほどの文章をつくり出すことは難しくなっていました。そこで、島村八重子さんを紹介していただき、島村さんは私のフェイスブックの投稿を基にまとめてみようと提案してくださいました。２０１４年から始めたフェイスブックには、日ごろ私が思うこと、楽しいと感じたことを投稿しています。「認知症」を見るのでなく、「認知症の人」それぞれに日常生活があることを感じてもらえるかもしれない、そう思って、島村さんに助けられながら半年かけて書くことができました。

アルツハイマー病の私には一人ではできないこともありますが、本の出版をきっかけに新たなパートナーと出会い「実現できることがまた増えた！」、そんな幸せな気持ちです。

フェイスブックに投稿すること自体、なんの苦労もなくできているわけではありません。フェイスブック友達に伝えたいという意思があって工夫しながらやった結果です。

日常生活では、家族は変わることなく私のことを認めてくれ、私自身も努力と工夫をして、今できる生活を維持しています。認知症になってからも希望と尊厳をもてる社会づくりの活動などでは、多くの仲間がずっと私を支え続けてくれています。アルツハイマー病になってからも私らしくいられるのは、そういうたくさんの方たちの存在があるからです。認知症とともに生き自分の人生を切り拓いていく、その過程でもたくさんの方々との出会いが続いています。

けれども、すべての「認知症」といわれた人たちが、私が感じているような幸せな感情をもてているでしょうか？　認知症であることは確かにつらさを伴います。けれども、つらいだけではなく、認知症とともに新たな人生の一歩を踏み出すことも可能なのです。そのためには、初期診断や認知症の人を支えるさまざまな人たちの存在が必要となってきます。今ある制度や仕組みだけにとらわれず、本人とともに考え展開していく生活の工夫が大切です。

認知症であることを隠さず、安心して話し合うことができる社会にしていくことが必要だと思います。恐れるばかりでなく、向き合うことから始まる——そう思うのです。私はアルツハイマー病の進行を感じ、それを悲しく思うこともありますが、諦めることなく立ち向かう日々を過ごしています。「アルツハイマー病になる前に戻りたいか？」と聞かれたら、「今のままで良い」と答えると思います。生きていれば、どのような苦難が待ち受けているかは誰にもわかりません。どうであっても諦めなくていいのです。見捨てられることなく、一人の人として関わり続けてくれる人がたくさんいれば、孤立することはありません。認知症の本人である私たちが創り出そうとしているのは、誰もがそう思える社会なのです。

二〇一七年　三月　　藤田和子

＊　＊　＊

再版に寄せて

出版から2年経ち、私の生活にも変化が起きています。日々のフェイスブックや3つの会への投稿には集中できなくなってきました。残念なことにさまざまな要因でクローバーの活動は停止となっています。

けれども新たな人とのつながりができ、地元の公民館では「認知症になっても自分らしい暮らしを考えるサロン」が始まり、さらに鳥取市でも定期的に本人ミーティングが開催できるようになりました。日本認知症ワーキンググループは2017年9月29日に一般社団法人日本認知症本人ワーキンググループとなり、2018年11月1日に「認知症とともに生きる希望宣言」を社会に送り出しました。

これからも私自身、止まることなく希望のリレーをつなげていきたいと思っています。

二〇一九年　二月　藤田和子

認知症とともに生きる希望宣言

一足先に認知症になった私たちからすべての人たちへ

2018年11月1日　一般社団法人日本認知症本人ワーキンググループ

1. 自分自身がとらわれている常識の殻を破り、前を向いて生きていきます。
2. 自分の力を活かして、大切にしたい暮らしを続け、社会の一員として、楽しみながらチャレンジしていきます。
3. 私たち本人同士が、出会い、つながり、生きる力をわき立たせ、元気に暮らしていきます。
4. 自分の思いや希望を伝えながら、味方になってくれる人たちを、身近なまちで見つけ、一緒に歩んでいきます。
5. 認知症とともに生きている体験や工夫を活かし、暮らしやすいわがまちを、一緒につくっていきます。

藤田和子（ふじた　かずこ）
鳥取県出身、鳥取県鳥取市在住。アルツハイマー病の義母を9年間介護し、その後看護師として勤務中の2007年に自身がアルツハイマー病と診断された。以来、鳥取県で「若年性認知症問題にとりくむ会・クローバー」を立ち上げるなど、認知症の人だけでなく誰もが生きやすい社会をめざして講演や執筆を続ける。一般社団法人日本認知症本人ワーキンググループ代表理事

認知症になってもだいじょうぶ！
そんな社会を創っていこうよ

第1刷　2017年4月30日
第3刷　2023年8月10日

著　者　藤田和子

発行者　松嶋　薫
発　行　株式会社メディア・ケアプラス
〒140-0011　東京都品川区東大井3-1-3-306
電話 03-6404-6087　FAX 03-6404-6097
http://media-cp.jp
発　売　株式会社徳間書店
〒141-8202　東京都品川区上大崎3-1-1　目黒セントラルスクエア
電話　049-293-5521（販売）
振替　00140-0-44392
印刷・製本　日本ハイコム株式会社
装　　幀　石原雅彦
イラスト　藤田亜矢子
本文デザイン　有限会社エム・サンロード
編集協力　島村八重子

ISBN978-4-19-864390-4